Bremische Schmunzelgeschichten
Band 2

Bremen Best !



# Bremen,
# so wie es im Reiseführer nicht steht,
# in Betrachtungen,
# Eigenarten, Schnäcken, Redensarten

O
S
N
W

Ernst B. R. Dünnbier

# Bremische Schmunzelgeschichten

## Bremen Best !

Bremen: liebenswert, lobenswert, lebenswert

Mit Illustrationen von Margret Rink

Edition Falkenberg

Abbildung auf dem Umschlag:
Margret Rink

Bildnachweis:
Die Illustrationen stammen aus der Feder von Margret Rink, die uns freundlicherweise Ihre Genehmigung für den Nachdruck erteilt hat.

Alle übrigen Abbildungen stammen aus dem Archiv des Autors.

Dieses Buch ist erstmals 1995 im Verlag H. M. Hauschild GmbH unter dem Titel »Bremen best« erschienen.

1. Auflage 2015

Bgm.-Spitta-Allee 31, 38329 Bremen

produktsicherheit@edition-falkenberg.de

ISBN 978-3-95494-059-2
www.edition-falkenberg.de

# Inhaltsverzeichnis

## Us Vaderstadt

So lang as noch de »Speckflagg« weiht
un op den Markt de Roland steiht,
so lang noch Bremer Scheepen fohrn,
is use Stadt wiss nich verlorn.

So lang ’t de Stadtmuskanten gifft
un »Bremen best!« us Wahlsprook blifft,
so lang wi fast tohope stohn,
kann use Stadt nich unnergohn.

So lang as sacht de Werser strömt,
us Bremen »Vaderstadt« wi nömt,
kommt alle Tied dat Best torecht:
denn use Leefde de is echt!

## Vorwort zur Neuauflage

Ob Ost – ob Süd, ob Nord – ob West, noch immer heißt es Bremen Best ! So wird fröhlich drauflos erzählt, was uns an unserer Stadt lieb und teuer ist. Selbst alte und »tagenbare« Bremer werden dabei manches entdecken, was sie bislang noch nicht wussten. Jedenfalls so, wie es im Reiseführer nicht steht.

Die Edition Falkenberg hat sich um den Nachdruck dieser Bremensie bemüht und damit eine unterhaltsame Reihe begonnen.

Ernst B. R. Dünnbier
Bremen, im Januar 2015

# Vorbemerkung

*Was soll das? – »Bremen best!«*

An diesen Wahlspruch hat sich der Autor in seiner Vorliebe für Bremen immer gehalten und ihn deshalb auch als Buchtitel ausgewählt. »Aller guten Dinge sind drei« bedeutet wohl das gleiche wie »Dreimal ist Bremer Recht«. Das hat hierzulande mit alten Rechtsgewohnheiten zu tun und ist ebenso auch das Bestreben des »dreifach Tun«. Man will es also nicht beim ersten und einzigen Mal bewenden lassen oder nach dem zweiten mit »doppelt genäht hält besser« einfach aufhören. So hält sich der Bremer selbst dazu an, einmal Begonnenes beharrlich weiterzubetreiben.

Auf diese Weise hat Ernst B. R. Dünnbier aufmerksam weiter gesammelt und fleißig notiert, hat zugehört und aufgeschrieben, was man in Stadt und Hafen, im Büro und an Bord so sagt. Er wird dabei auf bremische Art zuweilen gefragt: »Was soll das?«

Das ist zum einen die (neugierige) Fragestellung überhaupt nach dem »wozu«, und das ist zum anderen das (rhetorische) Infragestellen des Wertes des so beobachteten Tuns. Und als wiederum drittes ist es das (mehr oder weniger verständnisvolle) Geschehenlassen im Sinne von »na, lot em man!« … und gerade damit ist dann die mundartliche Hemmschwelle überwunden. Und so ist es im weiteren Gespräch schon wieder möglich, einzelne Worte oder Redewendungen typischen Sinngehaltes zu verwerten. So wird dann schließlich wieder eine neue Themensammlung daraus, ein kleines Büchlein zu Bremens bestem Gedenken.

Wenn Ernst B. R. Dünnbier in mancherlei Vorleserunden so einiges aus seinen beiden ersten Büchern »Von Bremer Jantjes, Fastmokers und Poppedeideis« und »Bremer Schnack« zum Gehör bringt, geschieht es häufig, dass Zuhörer zustimmend bemerken: »Ja, so haben wir das früher zu Hause auch immer gesagt.« Oder:

»Das sagte unsere Oma schon immer.« Insofern ist es ein begrüßenswertes Bemühen, wenn der Autor sprachliche Besonderheiten sammelt und festhält. Die Sprache des Alltags ist interessant genug, aufmerksam erlebt zu werden, und sie bringt auch in ihrer Derbheit oft genug sehr feine Unterschiede zum Ausdruck. Bleiben wir also dabei: »Een is man good, twee is meist beter, ober dridubbelt is all een mehr.«

Und darum heißt dieses neue Buch nicht Bremer Dreierlei, sondern zutreffenderweise einfach »BREMEN BEST«.

In Bremen und »an der Küste« ist Ernst B. R. Dünnbier durch die Vielzahl seiner Veröffentlichungen als Schifffahrtsautor, Berichterstatter und durch Berichte von Reisen wohlbekannt. Immer geht er mit einem gewissen Augenzwinkern an die Dinge heran und bemüht sich dann, die Eigenarten des Seemannslebens, hanseatische Besonderheiten und die Deftigkeit der Hafensprache auf eine verständnisvolle Weise humorvoll darzustellen. Er will zwar den Leser damit unterhalten, doch »so ganz nebenbei« liegt ihm auch daran, dabei ein klein wenig Fachwissen gleichzeitig mit anzubringen und so zum Allgemeinwissen zu machen. Auch Nachdenkliches gehört dazu.

Ernst B. R. Dünnbier, Jahrgang 1921, ist »boren un togen Bremer«. Seine schon frühzeitige Vorliebe für das Plattdeutsche hat er wohl aus dem Elternhaus mitbekommen, insbesondere von der mütterlichen Linie der Familie, die seit Generationen an der Unterweser zu Hause ist. Wenn er auch wohl kein direkter Nachfahre früherer Seeräuber ist, hat er sich dennoch, oder vielleicht gerade darum, eine besondere Ader für alle sprachlichen Besonderheiten bewahrt, die mit Hafen und Schifffahrt zu tun haben. Und den Namen Dünnbier hat schon der Großvater väterlicherseits aus Niederschlesien mitgebracht. Der weist auf Brau- und Schankerlaubnisse früherer Generationen hin und hat sehr wohl etwas mit gutem Bier zu tun, was ebenfalls nicht zu verachten ist.

Wenn er so nacherzählt, was er in seiner Heimatstadt beobachtet hat, was sich an Bord und im Hafen tut, könnte die Erzählung vielleicht gelegentlich fast bis an die Grenze der Wahrhaftigkeit gelangen. Aber es ist wirklich nichts hinzugedichtet – es sei denn, um das gerade anliegende Thema dadurch noch verständlicher zu machen. »Verklokfideln« nennt man das hier. Was er so darbringt, das »liegt auf der Back« wie auf einer breiten Palette und bringt in seiner Vielfältigkeit so allerhand Vergnügliches und Schmunzeliges. Man kann es wahrlich als ein Angebot von »maritimen Gabelbissen« bezeichnen, die natürlich nur auf Neptuns Dreizack fachgerecht aufgespießt und serviert werden können und die so zum besseren Verständnis hanseatischer Wesensart beitragen wollen.

# Auf gut bremisch

## *»Nu man ran an de Back!« Schnäcke – Redensarten – Besonderheiten*

»Nu man ran an de Back!« So lautet das freundliche Angebot – nicht nur an Bord –, am Tisch Platz zu nehmen. Back ist nicht nur ein Decksaufbau an Bord, sondern auch der Esstisch im Speiseraum und der Klapptisch in der Messe.

Ansonsten würde solche Aufforderung schlichtweg »Sett di, Betti!« lauten oder auf höflich platt »Goh sitten!«, also geh und setz dich!

Wenn Essenszeit ist, heißt das dementsprechend »Klar bei Backen und Banken«. Und auftragen, also »aufbacken«, muss der zur Bedienung abgeteilte »Backschafter«. Doch auch an Land wurde ein Begriff daraus, zumindest hier oben an der Küste. Somit ist klar, dass Back nichts mit der Backstube des Bäckers zu tun hat. – Im übertragenen Sinne rangiert das Essgeschirr ebenfalls als Back. Aufgefüllt wird als »voller Schlag« der Teller oder die »Kumme« (Schale) voll, und zwar mittels der großen Schöpfkelle, dem »Politicus«.

Gegessen wird mit dem »Schanzzeug«, was beim Kommiss normalerweise ein Klappspaten ist. Ansonsten sind in Tisch- und Essensgewohnheiten außer Seemannsausdrücken auch plattdeutsche Wörter eingeflossen. »Metz« ist das Tisch- oder Taschenmesser. Heißt auch »Knief«. Und der Schlachter benutzt ein kurzes Stichmesser zum Ausbeinen und nennt es »Polker«. Ein »Lepel« ist klarerweise der Löffel. Jedoch ist das »Lepelmäken« keine Tischnachbarin, sondern die Küchenhilfe, die mit dem Tranchiermesser noch nicht umgehen kann.

Getrunken wird aus der »Mug« oder der »Mugge«, die sich heutzutage als rustikaler Becher sich wieder einer großen Beliebtheit erfreut. Solange daraus Kaffee oder Tee getrunken wird, ist das ein praktisches Trinkgefäß. Aber man kann auch »Haberwelge« hineingeben. Das sind Haferflocken, die nun nicht jedermanns Sache sind. Ebenso wie manch einer »Milch mit Melle« nicht mag. Das ist gekochte Milch mit Sahnehaut obendrauf.

Der neugierige Topfgucker wird mit »Tellerlicker« tituliert und heißt bei den Seeleuten »Kombüsen-Kreuzer«. – Wenn etwas gut geschmeckt hat, besteht durchaus der Wunsch, einen »Nachschlag« zu erhalten, also zumindest noch einmal einen »halben Schlag nachfassen« zu wollen. Das abschließende Abräumen der Tafel heißt umgekehrt »abbacken«, und danach folgt »Reinschiff machen« mit »Pütz und Putzplünnen«, also mit Eimer und Wischlappen. Daraus ergibt sich, dass »Klar Schiff« der Zustand der absoluten Reinheit ist. Zum Aufwischen des Bodens bedient man sich des »Dweil« oder des »Feidels«, den man anderenorts auch als Feudel kennt. Klar, dass »Bessen« ein Besen ist, während der Staubsauger sinnigerweise »Huulbessen« heißt, obwohl diese Dinger heute doch ganz leise laufen.

Wer aber kennt heute noch den »Heiquöß« oder den »Riesböß«? Früher waren das unentbehrliche Küchenutensilien zum Geschirrwaschen. Sie wurden aus Heidekraut oder Reisig in Heimarbeit hergestellt und hießen hochdeutsch Heidquest (Quast) und Reiserbesen.

Auch moderne Gastronomie-Entwicklungen werden schnell in den mundartlichen Sprachgebrauch übernommen. Der Schnellimbiss rangiert unter »Pommes-Bude« oder »Schaschlik-Schuppen«, und die Griechen-Gaststätte wird zum »Sorbas-Krug«. Im »Frikadellen-Tempel« als »Buletten-Mekka« gibt es »Papp- und sonstige Börger«, die dem Lokal wegen der mehr oder weniger zähen Brötchen auch zu der Bezeichnung »Semmel-Krog« verhelfen, was aber hier beileibe keine Qualitätseinstufung sein soll. Das ist doch wohl »klar wie Kloßbrühe«, nicht wahr? Aber »da geht nu wirklich nichts beizu«, dass Essen und Trinken doch Spaß machen soll. Man kann es vielleicht auch so sagen: »Slopen, freten, supen – langsam gohn un pupen!«

Wer sich daran hält, der ist »een ganz geleifigen Kerl«, also umgänglich und verträglich. Und der würde sich keinesfalls nachsagen lassen müssen:

»Dat is di ober een Seepentröster!« – obwohl Seifensieder damals ganz fidele Handwerker gewesen sein sollen.

»Freten mokt Spaß – mutt blots nog sien.
Supen mokt ok Spaß – mutt blots fix gohn!«

## Nichts – Nicks – Nix
## bedeutet soviel wie »Daar kannst nix bi dohn!«

*oder: »Null-Bock« auf nichts!*

Wenn man nichts (mehr) dran ändern kann, ist die nüchterne Bemerkung »daar kannst nix bi dohn« durchaus kein Fatalismus, sondern lediglich eine Feststellung der gerade gegebenen Lage. Man findet sich »för den Momang« eben damit ab und sagt ergänzend vielleicht auch wohl noch »Daar geiht nix bi to« oder »Daar geiht keen Weg bi langs«. Sofern es sich bei dieser Gegebenheit um eine Feststellung handelt, die noch einigen Nachdruckes bedarf, erfolgt der deutliche Schlusspunkt mit »daar bitt de Muus keen Faden af«. Und die Antwort der Gegenseite kann höchstenfalls noch »Daar weet ick nix von af« lauten. In all diesen Fällen ist das »nix« (oder auch als »nicks« geschrieben) gewissermaßen die Wendemarke, die den Abwärtstrend aufhält und in weiser Selbstbescheidung zugleich mit »beter wat as nix« den Weg wieder voraus weist.

Es zeigt sich also, dass im Sprachgebrauch das »nichts« als nicks oder nix durchaus keinen unumstößlichen Nullpunkt darstellt, sondern bei vielfacher Gelegenheit gerade dazu verwendet wird, um noch etwas weniger oder noch ein klein bisschen mehr auszudrücken.

*Zunächst das weniger*

Da heißt es bei konstatierter Wertlosigkeit, es sei »weniger als nichts«, was der Brite mit »next to nothing« kennzeichnet. So wird die vermeintliche Sinnlosigkeit einer Handlung kurzweg mit »för nix un wieder nix« abgetan oder mit dem leicht abwertenden Urteil »von nix kummt nix«. – Jedoch die Feststellung »das war wohl nichts« meint gerade, dass eben doch etwas war, nämlich nichts Gutes. Auf der gleichen Linie liegt bei der Frage »Ist was?« und der beruhigenden Antwort »War nix« die prompt erfolgende Zurechtweisung: »Nix is nix, un nix nich is gar nix.« Einen ähnlichen Sinn

Bremen
ZUR
Böttcherstr.

hat der Ausspruch »Oben nix und unten nix, und dazwischen gar nix.« Das könnte manchmal auch figürlich gelten oder als Kriterium für eine unmögliche Staffage. – Kürzlich erklärte ein österreichischer Politiker das Maß des wirtschaftlichen Wachstums mit »plus minus null, vielleicht sogar etwas minus null«. Charmanter lässt sich das wohl kaum ausdrücken.

### *Und nun das mehr*

Es gibt Menschen, die meinen »viel hilft viel«, und sie schlucken dann gleich drei Pillen statt der vom Doktor verordneten einen oder nehmen einen gehörigen Schluck von der Wundermedizin statt der vorgeschriebenen fünf Tropfen. Noch konsequenter klingt »alles oder nichts«, was aber »in nullkommanix« oder, wie der Engischmann sagt, »in no time« entweder viel als ostfriesische Zählart »eins – zwei – viele« bedeuten kann oder andersherum als nichts mit »daddeldu« beendet wird, was aus dem Englischen kommt und von »that will do« abstammt. – Und der Knallpunkt ist dann »basta!«, das ist spanisch und heißt soviel wie »es reicht« oder »genug damit«. Und rein »doppelt gemoppelt« würde der Señor sagen »basta y sobre!«, was soviel wie »genug und übergenug« ausdrücken will. Auf französisch klingt es (nicht nur im Spielsaal) so: »Rien ne va plus«, eben wenn gar nichts mehr geht.

Die genaue Teilung oder die gerechte Zuteilung möchte einen einerseits nicht gern »den Kürzeren ziehen« lassen, und andererseits wird danach geschielt, im geschickten Zugriff gern »die größere Hälfte nehmen« zu wollen. Und wer es dann noch ganz schnell tut, der vermerkt zu seiner eigenen Beruhigung wohl noch: »Wer zweimal nimmt, hat einmal gut.« Für den gilt aber der nachdenkliche Vers »Es gibt nichts Gutes – es sei denn, man tut es.« sicherlich nicht.

»Kleinvieh macht auch Mist« soll besagen, dass aus vielen Kleinheiten letztlich auch eine größere Menge zusammenkommen kann. Das ist positiv gesehen. Als negative Beurteilung von z.B. unnützer Viel-Rederei wird ein Gespräch mit »viel Lärm um Nichts« oder mit »viel Geschrei um wenig Wolle« registriert. Auf plattdeutsch heißt das »Veel Gedööns un nix daarachter.« Alle aber meinen dabei das gleiche, nämlich den sprachlichen Aufwand »aus 'ner Mücke 'nen Elefanten machen«. Das gilt für Klatsch und Tratsch ebenso wie für politische Verunglimpfung. Etwas sagen und sich dennoch nicht festlegen, das geschieht in unschuldsvoller Miene mit dem Satz »Ich will ja nichts sagen, aber ...«. – Dazu meinte kürzlich eine Talkshow-Gesprächsrunde: »Klatsch ist die ungezogene PR-Schwester. Auch das ergibt publicity!«

Nur für Klein-Heini ist die Sache ganz einfach. Wenn die Mutti bei seinem sonst geräuschvollen Spielen wegen einer fast schon beängstigenden Stille herüberruft und fragt: »Heini, was machst du da?«, dann kommt von ihm die sehr gedehnte Antwort: »Ich? – n – nichts!« Dann allerdings gibt es wirklich zwei Alternativen: für sie »nichts wie hin« und für ihn »nichts wie weg«!

Das ganze Thema ist schließlich so zusammenzufassen: »Sag mal einen Satz mit ›x‹.« – »Das war wohl nix!«

Und deshalb: Nichts für ungut!

PS: Übrigens hat einer meiner Freunde in seiner Hausbar eine Flasche klaren Feuerwassers mit dem schlichten Etikett »NICHTS« stehen. Davon geschluckt, kann ein jeder ruhigen Gewissens erklären, er habe wirklich »NICHTS« getrunken. – So einfach ist das ...

## »Nachschlag gefällig?«

*Fröhlicher Eintopf« nach Art des Hauses«*

Nach »Art des Hauses« ist entweder eine spezielle Zubereitungsweise oder es wird dem Koch ganz einfach überlassen, was er daraus macht. In jedem Falle ist das Ergebnis zuweilen sehr überraschend. Beim Wochenendeintopf besteht für die sparsame Hausfrau die große Chance der zweckdienlichen Resteverwertung. Für ihre rätselratende Familie ist es dann die »gedrängte Wochenübersicht«.

Das Schlimmste jedoch, was einem Koch widerfahren kann, ist, ständig nur Personalessen kochen zu müssen. Er muss dann das für ihn wohl kritischste Publikum zufriedenstellen, weil mit der periodischen Wiederholung der Gerichte die Geschmacksansprüche ständig steigen. Gelingt ihm das nicht, »verwendet er nur Einheitsgewürz«; und dann wird auch das beste Menü zum »Schlangenfraß«. Er muss sich sagen lassen, es »schmeckt wie Knüppel auf den Kopf: Und dabei hatte er es doch besonders gut machen wollen und das genau gegenteilige Urteil wie »dat smeckt as Zucker op'n Titt« erwartet. Statt dass die Gäste »sich alle Finger lecken«; sind sie der Meinung, dass er sich das »besser in die Haare schmieren kann« Ja, es ist wirklich so: »Was der eine nicht mag, daran könnte der andere sich totfressen!« So liebt der eine die Schlagsahne süß mit Zucker, und der andere mag sie lieber scharf mit Meerrettich. Wenn etwas besonders scharf gewürzt ausgefallen ist, dann ist es »scharf wie Nachbars Lumpi«.

Nur eines kann der beste Koch nicht vertragen, nämlich wenn man neugierig in seine Töpfe schaut, bevor das Essen fertig ist. Der als »Kombüsen-Kreuzer« eingeschätzte Topfgucker muss sich dann sehr dumme Antworten gefallen lassen wie: »Kochen ist Glückssache.« – »Weiß noch nicht, was draus wird und wie es heißen soll; getauft wird um fünf vor zwölf.« – Wenn einer es trotzdem

ganz genau wissen will, bekommt er den eindeutigen Bescheid: »Es gibt gestowte Kellertreppen« oder »Nackte Mäuse« oder vielleicht auch »Dicken Ries mit Lebberwoost«. – Dann wird es aber höchste Zeit, aus dem Küchenbereich zu verschwinden, bevor sich durch geschickten Pfannenschwenker unerwünschte Fettspritzer ergeben.

Viele Redensarten und Sprichwörter hängen mit dem täglichen Essen und Trinken zusammen, auch im übertragenen Sinne. So sei eines herausgegriffen:

»Die selbst eingebrockte Suppe auslöffeln« muss man manches mal. Stellt sich dann aber einer noch besonders dösig an, dann gilt für ihn: »Wer sich für einen Pfannkuchen ausgibt, der wird auch dafür aufgefressen!«

Im freundlichen Geplänkel mit der die Familie liebevoll bekochenden Hausfrau, mit der fleißigen Küchenmamsell oder mit dem seiner männlichen Würde bewussten hochbemützten Küchenmeister haben sich für viele Gerichte besondere und sogar teils lästerhafte Bezeichnungen ergeben, die hier einmal versuchsweise zusammengestellt werden: Das »Hermann-Brats-Gedächtnis-Essen« ist unschwer durch den Namen seines Erfinders zu erklären und meint doch nichts anderes als die hier so beliebten Brat(s)-Kartoffeln oder auch die schmackhafte Bratwurst vom Rost. – Und falls Sie nicht wissen sollten, was eine »Mafia-Torte« ist, dürfen Sie vermerken, dass sie mit Kuchen nichts zu tun hat, sondern nichts anderes ist als die hierzulande inzwischen sehr beliebte Pizza. Fangen wir mit der **Suppe** an: Aus Magermilch oder mit zuviel Wasserbeigabe gekocht ist die Milch- oder Buttermilchsuppe ein »blauer Heinrich«. Mit Sago zubereitet, gilt sie als »Froschlaich«, und wenn etwas zu viel Mehl hineingeraten ist, kann sie nur als »Tapetenkleister« noch Verwendung finden.

Die magere Kohlsuppe oder die aus Julienne (getrocknete Gemüsestreifen) gemachte Gemüsesuppe wird zum »Drahtverhau«, worunter allerdings auch ein fleischarmer Eintopf aus Schnittbohnen verstanden wird. – Nur wenn es »zieht wie Hechtsuppe«, hat das mit Essen nichts zu tun, sondern mit lästigem Durchzug wegen offener Fenster. Aus dicken Graupen gekochte Eintopfsuppe heißt sinnigerweise »Kälberzähne«.

Als **Vorspeise** gereichter Magerquark gilt als »weißer Tod« Schon schwieriger wird es bei der »grauen Maus im Glassarg«, womit die Studenten in der Mensa die Schinkenrolle in Aspik bezeichnen.

Auch dem **Fisch** sind ein paar besondere Bezeichnungen gewidmet: So meinte der als Original bekannte Bremer Aal-Onkel beim Anbieten der leckeren Räucher-Aale: »Aal mutt knackig sien as de Bost vonne junge Deern!« – Und die legendäre Bremer Fisch-Lucie wehrte fummelnde Kundinnen damit ab: »De Aale ward von't Anfaten ok nich dicker!« Tiefgefrorenes Fischfilet, in Platten als Portionen geschnitten, ist bekannt als »Kilometer-Fisch«. Werden irgendwelche Fischreste in der Pfanne mit Kartoffeln aufgebraten, ist das »Pann-Fisch«, den manche Leute auch »Hoppelpoppel« nennen. Andererseits gilt diese klangvolle Bezeichnung in manchen Gegenden für Eiergrog.

**Geflügel** stellt sich selbst auf verständliche Weise vor, wenn es den halben »Gummi-Adler« oder den »Flattermann« gibt, der eben dem Rost entsprungen ist. Zu Frikassee kleingeschnitten, wird das Huhn zum »Crash-Huhn«.

Beim **Fleisch** ist zuweilen die Ursprungsdefinition etwas schwierig, wenn im Gulasch nur ein paar zähe Brocken herumschwimmen. Dann muss der Koch sich die Frage gefallen lassen, ob es »Fleesch von een Peerossen oder von een Botterhirsch« ist. Das lederartige Steak rangiert dann unter »Ossenfleesch so drög as Sunnerkluus sien Mors«. (Klingt auf platt eben doch weniger drastisch.)

Durch den Wolf gedreht und zu Hackbraten verarbeitet, kann jeder sich unter »gehacktem Molli« (der Hund hieß so) etwas vorstellen, und die »Hamburger« heißen dann »Papp-Burger«, wenn sie aus zuviel Bratlingsmasse bestehen. Das gilt übrigens auch für die »deutschen Brotsteaks«, bei denen Bäcker und Schlachter angeblich im Wettstreit stehen sollen, wer den überwiegenden Anteil zu liefern hat. Die Buletten heißen auch »Radfahrer-Plaketten«. – Im Mischungsverhältnis von Kartoffeln und Pökelfleisch liegt das Geheimnis des Seemanns-Labskaus, der böswilligerweise auch als »Wantenschmiere« bezeichnet wird, weil er angeblich nur zum Labsalben von Drahtseilen verwendet werden kann. In diesem Zusammenhang darf »Wagenschmiere« mit genannt werden, womit die Soldaten früher den Kunsthonig meinten.

Besonderer Vorliebe erfreut sich in Norddeutschland das schwergewichtige Wintergericht »Kohl und Pinkel«. (Das braucht hier nicht im einzelnen erklärt zu werden, darauf freut man sich schon den ganzen Herbst im voraus). Der dafür benötigte Grünkohl (in Bremen Braunkohl genannt) gilt als heimliches Oldenburger Wahrzeichen, nämlich als »Oldenburger Palme« Dagegen ist die »Oldenburger Ananas« kein Obst, sondern schlicht und einfach die Steckrübe, die auch als »Wrucke« bekannt ist. Mit »ordentlich was drin« ist das ein schmackhafter Eintopf ebenso wie Weißkohl mit Hammelfleisch. Gut gekocht ist das dann **»Irish Stew«**, und bei größerem Fleischmangel muss der Koch sich dafür entschuldigen, dass er »Kumpskohl« oder »Fußlappen« gekocht hat.

Als **Nachtisch** besonderer Art gilt der »Kalte Hund«, der nichts mit den amerikanischen »hot dogs« zu tun hat. Kalter Hund oder »Worpsweder Speck« wird aus Tortenkeksen bereitet, die mit einer Schokoladen-Kokosfett-Schmiere zusammengebackt werden. Besonders beliebt bei Kindern ist »Wackelpeter mit Familiensoße«.

Zum Hinunterspülen kann man sich einer Vielzahl besonderer **Getränke** bedienen:

Ganz einfach ist es der »Pumpenheimer« also das klare Leitungswasser und auch das Mineralwasser. Vornehmeres Kribbeln bewirkt »dat Bölkwater«; nämlich der Sekt, während das »Bubbeljuxenwasser« die Kinder belustigt und nichts anderes als Brause oder Sprudellimonade ist. Hochtragend klingt »Hohenastheimer« Das ist aber kein Wein-Hochgewächs, sondern eben nur ganz normaler Apfelsaft. Etwas exotischer dagegen ist der als »Panther-Pisse« (der Farbe wegen) herabgewürdigte Orangensaft. – Sollte es ein wenig hochprozentiger sein, dann wird aus dem Wodka oder Korn mit Pampelmusensaft der »Pampelkorn« Und als Nachfolger von »Bommi mit Pflaume« trinkt man heute die »feige Sau«, das ist Wodka mit einer aufgespießten Feige drin. – »Gerstenkaltschale« braucht wohl nicht besonders erläutert zu werden, sie ist schlichtweg Bier als das zu allen Mahlzeiten beliebte Getränk, das notfalls die Suppe ersetzt. Schwieriger wird für den Uneingeweihten schon die Erklärung des »Klöten-Köhm«. Das ist Eierlikör und kann nur auf plattdeutsch richtig erklärt werden. Wenn schließlich der Kaffee zu dünn geworden ist, die Sachsen nennen ihn »Bliemschen«; dann gilt er hier als »Negerschweiß«, womit früher die Landser den täglichen Malzkaffee bezeichneten, der auch »Muckefuck« heißt.

Letztlich gilt immer noch: Lot di man smecken!

### *Schildkrötensuppe »Paula« (nach Art des Hauses)*

Frau M., aus bester Bremer Familie, ist gern zu Scherzen aufgelegt, wenn sie Besuch hat. Eines guten Tages hatte sie fünf ihrer besten Freundinnen zum großen Abendessen eingeladen. Bekanntermaßen gab es bei ihr immer etwas Besonderes.

Am runden Tisch war geradezu festlich eingedeckt mit feinstem Damast, edelstem Geschirr und wertvollem Tafelsilber. Als Überraschung sollte es, einer diskreten Vorinformation zufolge, echte Schildkrötensuppe geben. Und so etwas hatte keine der

Freundinnen bislang gekostet. Der Enkel der Hausherrin hatte im Garten immer eine Schildkröte gehabt, von der Familie mit »Paula« benannt. Und just dieses Tier sollte nun für den Tafelgenuss hergehalten haben? Deshalb auch wohl die Ankündigung der Schildkrötensuppe »Paula« als besondere Zubereitungsart. Irgendwie war man gespannt und ob der »Hausschlachtung« auch leicht indigniert. Die Terrine wurde aufgetragen. Darin schwamm, auf einer geringen Wasserfüllung, eine Spielzeugschildkröte mit Wackelkopf. Enttäuschung oder erleichtertes Aufatmen? – Der Hausfrau war die totale Überraschung voll gelungen. Alle haben herzlich gelacht. – Anschließend wurde die gesamte Festtafel wieder abgeräumt, und statt dessen gab es einen erlesenen Wein und köstliche Appetitschnitten. Es soll ein sehr vergnüglicher Abend gewesen sein. – Aber die Freundinnen wissen doch genau, wie echte Schildkrötensuppe wirklich schmeckt; und in der nochmals aufgetragenen Terrine wurde ihnen dann eine wohlschmeckende Bowle serviert (hat man mir so erzählt … ).

## »Ist mir wurstegal!«

*Wirklich?*

Da stellt sich gleich die Frage, ob man die Wurst überhaupt beim Namen nennen soll. Aber so viele Sortennamen kann ein Mensch allein sich gar nicht merken. Deshalb kann es durchaus nicht schaden, »ein wenig herumzuwursteln« und dabei vom sonstigen Drum und Dran zu plaudern, wie Wurst und Fleisch in den täglichen Sprachgebrauch hineingenommen worden sind. Mit der so genannten »Fleischeslust« hat das ebenfalls nichts zu tun, obwohl dazu auch Geschmack gehören sollte. Und die Arie »Wie's darinnen aussieht, geht niemand was an ...«, die hat etwas mit Gefühl und Gemüt zu tun, ist aber kein Kochrezept für die Wurstküche.

So meint doch einer: »Mir ist alles wurst!« ***Soo*** egal und einerlei ist das wirklich nicht. Das ist »zuviel Wurstigkeit«. Da wäre eine Schlachterbemerkung wie »Wurst ist mir alles!« doch schon ein erfreulicher Umkehrschluss. Aber was wird von manchen Leuten nicht alles in die Wurst hineingeredet, als ob »so ein armes bedauernswertes Würstchen« schon ein besonderes Schicksal sein müsse. Gewiss, man sagt zu manch einem »Hanswurst«: Er »taugt nicht in die Wurst«, eben weil nicht all zuviel mit ihm los ist. Ist er jedoch (körperlich) wohlgeraten, kann es schon sein, dass man ihm sogar verspricht: »Du kommst gewiss noch mit in die Wurst!« Ist er aber viel zu wohlgenährt, dann muss er sich schon die Kritik gefallen lassen, dass er wegen seiner »vollen Packung« eigentlich eine »Figur wie eine vollgestopfte Wurstpelle« hat. – Aber bei allem Gerede kommt es wie bei der Operettenarie aus Lumpazivagabundus darauf an, dass man »weiß, wo der Bauer die Wurst hängen hat«. Dann kann er getrost schon einmal »mit der Mettwurst nach dem Schinken werfen«, um »den rechten Wurstzipfel zu fassen zu kriegen«. Derjenige aber, der sich dann »das Mittelste mit beiden

Wurstzipfeln nimmt«, der »hat die Wurst gewonnen«, denn er weiß eben ganz genau: »Es geht wirklich um die Wurst!«

Aber beschweren darf man sich gewiss nicht, dass eine »Dauerwurst« so gar nicht dauerhaft gehalten hat. Das liegt jedoch daran, dass vielleicht »beim großen Wurstabend« der Appetit einfach nicht zu bremsen ist. Nur in der hohen Politik ist es einfacher, da wird das Gute scheibchenweise verabreicht, und das heißt dann sinnigerweise »Salami-Taktik«. Wenn dann einem immer noch nach mehr Wurst zumute ist, der sollte einfach ein »Hermann-Brats-Gedächtnisessen« veranstalten. Sie wissen doch, was das ist? – Ganz klar: Brats-Wurst!

»Beim Wurste machen geht's rund« meint, dass kräftig im Wurstkessel gerührt werden muss. Allerdings gilt es sehr aufzupassen, wenn mal bei der Arbeit eine kritische Stimmung herrscht. Dann »ist Qualm in der Wurstküche«. Da sollte man besser daran tun, »seine Wurstfinger zwischen rauszuhalten«.

Manchem unangenehmen Zeitgenossen wünscht man wohl schon, ihn »mal richtig durch den Wolf zu drehen«, um aus ihm so etwas wie »gehackten Molli« zu machen. Etwas grober gehackt würde man ihn vielleicht auch »am liebsten frikassieren« oder schlichtweg »zu Hackfleisch verarbeiten«. Über den heißt es dann: »von dem nimmt noch nicht mal ein Hund ein Stück Wurst!« Doch wenn der bei einer (tätlichen) Auseinandersetzung einmal »in eine unbeleuchtete Faust hineingelaufen« sein sollte, dann kann es geschehen, dass sein darob erworbenes Gesichtsveilchen als »Mettauge« angesprochen wird. – Mett aber bedeutet immer frisch durchgedrehtes Fleisch. Ist es Schinkenmett, dann heißt das hier bei uns »Hackepeter«. Aber wer südlich von Bremen herkommt (mehr als 50 km ist schon aus dem Kongo), der begreift diese Unterschiede zwischen Mett und Hack ohnedies nicht und darf sich unseretwegen getrost »hinter den Weißwurst-Äquator« zurückziehen. Dort kennt man Knipp, Pinkel und Beutelwurst ohnedies nicht. Das alles wäre für diese fast auch schon zu schade. Belassen wir es also lieber hier.

Zwar breiig in seiner Konsistenz, aber dabei dennoch im vorher genannten Sinne kein Mett, das ist eine andere norddeutsche Fleisch- bzw. Essensspezialität. Für »Südländer« zunächst wiederum eine unverständliche Angelegenheit. Darum hier ein paar erklärende Worte:

*Labskaus*
Zunächst als grundsätzlich vorweg: Der Seemann sagt der Labskaus. Es ist ein Seemannsgericht aus der Windjammerzeit. Je nach Bordvorrat wurde es als Mischgericht aus gestampften Kartoffeln (oder Kartoffelmus), Zwiebeln, Pökelfleisch und Salzheringen und/oder Stockfisch in unterschiedlichster Mischung zubereitet. Heute werden Rote Bete, Salzgurken, Spiegelei und Salz- oder saure Heringe als Zutaten gereicht. Die Worterklärung (sprachwissenschaftlich):

Im Norwegischen soll es soviel wie Stockfisch mit Kartoffeln bedeuten; im Englischen heißt es »lobscouse« – »lob's course« – und »lobstercourse« und wird erklärt mit Mahlzeit eines einfachen Matrosen, im Deutschen rangiert es schlichtweg unter »Seemanns-Eintopfgericht«; im sog. »Seemanns-Latein«, also dem Bord-Sprachgebrauch, wird es praktisch so erklärt:

Wegen seiner breiigen Masse – und wenn es dann auch noch ungenießbar aussieht oder einem wegen der Eintönigkeit des Küchenzettels aus dem Hals hängt – ist es nur als »Wantenschmiere« zu verwenden. Wantenschmiere wird benötigt zum »Labsalben« (Schmieren bzw. Fetten) von Wanten, Drähten und Tauwerk; also dem Fetten von »stehendem und laufendem Gut«, damit der Tampen oder Draht konserviert wird und er besser durch die »Kausche« (eingespleißtes Auge) gleiten kann. So soll daraus das Wort »Labskaus« entstanden sein.

Wer jetzt immer »noch nicht den Braten gerochen hat«, der ist sozusagen »ein richtiger Brat-Arsch«, den man am besten auf dem Grill rösten sollte. Nur die Hunnen und Tataren des Altertums hatten da ihre eigene Garmethode, wie uns in der Schule im Geschichtsunterricht beigebracht wurde. Sie mussten das zähe Fleisch erst unter dem Sattel mürbe reiten. Ob das nachher noch geschmeckt hat? – Unser heutiges »Beefsteak tatar« ist jedenfalls eine gewisslich größere Gaumenfreude und bestimmt anders gewürzt als damals.

Bevor ein Schweineschinken sich zum wohlschmeckenden Räucherschinken wandelt, muss er eine Zeitlang in einer Salzlösung liegen und dann genau so lange im Rauch hängen. Davon stammt die Redensart ab: »De hett bi mi 'nen Schinken in'n Solt«, das bedeutet, dass er mir noch eine Gegenleistung schuldig ist. – Die Kunst des Schlachtermeisters bewirkt diese angenehme Fleischesumwandlung von der Frischware zur hier sehr geschätzten Räucherware. Nur wenn dann nachher ein Schinken auf dem Wiemen vergessen werden sollte und zu übermäßig ausgetrocknet ist, dann »is de drög as Sunnerkluus sien Mors«. Doch wer wollte da schon hineinbeißen?

# Bremer Typ-o-logie

*Kleine Typenkunde*

ORIGINALE sind lebensechte »Typ«-Gestalten, die zumeist durch eine gewisse Überbetonung ihrer Eigenschaften oder persönlicher Eigenarten besonders auffallen, sich von der Umwelt abheben oder irgendwie prägend auf sie einwirken. Hat also nichts mit Spleenigkeit zu tun, sondern ist als echte Originalität zu werten, eben als Einmaligkeit. Ihr Gehabe oder ihre Ansprüche erhalten dabei zumeist schon zu Lebzeiten einen fast legendären Wert, der sich dann in der Erinnerung zu schönen Anekdoten verdichtet.

SYMBOLFIGUREN brauchen im Gegensatz zu Originaltypen nicht unbedingt einen historischen Wahrheitsgehalt zu haben. Sie sind mehr im traditionellen oder im gesellschaftlichen Bezug zu sehen und verkörpern bestimmte ortsgebundene Besonderheiten. Als bestes Beispiel steht dafür das steinerne Standbild des Roland zu Bremen oder das Märchen-Quartett der Bremer Stadtmusikanten. Für jeden »Butenbremer« eine klare Angelegenheit, ihnen die erforderliche Reverenz zu erweisen, wenn man nach Bremen kommt. Oder vielleicht auch der Schweinegruppe in der Sögestraße.

*Die Bremer Stadtmusikanten*
als berühmtes Märchen-Quartett sind Symbolfiguren für Radio Bremen. Aber auch sonst sind sie beliebt in der Werbung und als Dekoration. Als Kleinmotive gesammelt, kommt in kürzester Zeit ein Sortiment von über hundert verschiedenen Gestaltungen zusammen, wie der Versuch beweist. Sie sind – im Märchen jedenfalls – die somit urkundlich verbriefte »erste echte Rentner-Band«, die musizierenden Vier: Dudo, der Esel; Bello, der Hund; Mia, die Katze; Kiki, der Hahn.

NURD
HÜSER

Bremen ist als »Märchenland«
in der Welt sehr wohl bekannt.
Esel, Katze, Hahn und Hund
machten allenthalben kund:
Räuber wohnen in dem Haus,
die treibt mit Geschrei heraus!
Was sie schafften mit Geschick,
heißt seitdem die Stadtmusik.

*Emma*
gilt hier wohl für Ehrwürdigkeit und für das Besondere. Jedenfalls insoweit man die legendäre Gräfin Emma meint, die vor Jahrhunderten den Bremern die Bürgerweide geschenkt hat, die heute der Bremer Bürgerpark ist. – Doch in der Namensgleichheit erfreut sich als Nostalgie-Relikt der kleine »Tante-Emma-Laden« an der Ecke wieder besonderer Beliebtheit wegen des gemütlichen Plausches und des kleinen Klönschnacks über den Tresen hinweg. Und als bremisches Wahrzeichen gilt inzwischen auch die Bremerhavener Möwe Emma, die auf vielen bunten Bremen-Zeichnungen munter dazwischen hüpft.

*Hein Mück*
heißt der Bremerhavener Junge, während er in Bremen schlichtweg der »Bremer Butjer« ist, der plietsch in die Welt schaut, pfiffig reagiert und »fix op'n Kien is«. Klar, dass die Vegesacker sich ihre Symbolfigur in gleicher Richtung gesucht haben, eben als Vegesacker Jung. Aber das ist eigentlich immer ein Fischerjung gewesen.

*Heini Holtenbeen*
wegen seines schlürfenden Ganges so genannt, war gewissermaßen der »Edelgammler« des vorigen Jahrhunderts. Der brabbelte immer Aussprüche vor sich hin und sorgte auf seine besondere Weise für seinen Lebensunterhalt: »Kannst mi mol nen Groschen lehn, kreegst anner Johr wedder!« – Und dann bediente er sich ganz ungeniert am Börseneingang der von den Kaufleuten dort abgelegten Zigarrenstummel.

### *Juxmajor*

ist die volkstümliche Verkürzung von »Jacobus major«, dem Schutzheiligen der im Mittelalter von Bremen nach Santiago de Compostela in Nordspanien ausgehenden Pilgerfahrten. Sein Standbild hat die Jahrhunderte überdauert und steht jetzt an der Ostgiebelwand der Martinikirche. Er wird im Kinder-Abzählreim genannt, wenn die Kleinen singen: Edelmann, Bedelmann, Dokter, Pastor, Kaiser, König, Juxmajor.

### *Käppen Brass*

gilt für den Urtyp des Seemannes, der als »master next god« Großsegler »um die Hörn« (um Kap Hoorn) gefahren hat und der so viele Geschichten aus seiner Fahrenszeit zu erzählen weiß. Dass diese Art von Seegeschichten nicht ausstirbt, darum bemüht sich einer unserer zeitgenössischen Schriftsteller ganz besonders mit der achtersinnigen Figur des »Käppen Möhlenbeck«.

Übrigens: Ein Kapitän hat ein Schiff gefahren, aber der Seemann ist auf einem Schiff gefahren; das ist eben einer der feinen Unterschiede der Seemanns-Sprache.

### *Fisch-Lucie*

Die zur Legende gewordene kinderreiche Fischfrau hat mit den ihr zugeschriebenen Aussprüchen schon für viele Anekdoten hergehalten. Lucie Flechtmann war Ahnfrau und Idealgestalt der deftigen Marktfrau mit Herz und Mundwerk auf dem rechten Fleck. Aus dem Geblüt sind in den nachfolgenden Generationen viele Fischhändler hervorgegangen, die mit Stolz auf diese Stammutter verweisen. In ihrer Hilfsbereitschaft war sie das, was man in Bremen mit »Gemüt wie ein Ascheneimer« bezeichnet.

### *Sarg-Meyer*

vom Berufsstand her Tischlermeister und von »Professchon« ein bekannter Bestattungsunternehmer, war Hermann Meyer zugleich in vielen Vereinsvorständen und in -zig Ehrenämtern tätig, ein echter Vereins-Meyer. Sein Standardausspruch war: »Wir Einzelhändler müssen doch gut zusammenhalten!« – Und zu Freunden meinte er immer aufmunternderweise : »Komm mal vorbei, kannst mal probeliegen!« – Manchmal setzte er noch ergänzend hinzu: »Kannst dir aber noch'n büschen Zeit lassen, bis die neuen Modelle da sind!«

*Vadder Sengstake*
das Urbild des trockenhumorigen »s-teifen« Bremers; zierte über viele Jahre die Plakate des Bremer Freimarkts, selbstverständlich bei Bratwurstgenuss – »wo keinein an vorbeigehn kann«. – Ist ja auch ein Altbremer Familienname, und ihm werden mancherlei Anekdoten zugeschrieben.

Das Gegenstück dazu ist »Mudder Meyerdierks«.

*Roland*
»Roland der Riese – am Rathaus zu Bremen, steht er, ein Standbild standhaft und wacht.«

So wird er im Volkslied besungen und ist er der steinerne Inbegriff für Bremens Unabhängigkeit und für das Freiheitsstreben seiner Bürger. Doch auch zu Kinder-Abzählreimen muss er herhalten: »Roland mit de spitze Knee, segg mol, deiht di dat nich weh?«

Und zur Karnevalszeit wird er seit Jahren dadurch besonders geehrt, indem jedes Jahr ein neuer »Ritter zum lächelnden Roland« gewählt wird, der ihm in einer humorvollen Rede die nötige Ehrerbietung zu erweisen hat.

*Gesche Gottfried*
wurde im vorigen Jahrhundert auf dem Domshof als mehrfache Giftmörderin hingerichtet. Dort ist im Straßenpflaster ein etwas größerer Stein mit einem eingemeißelten Kreuz eingelassen, der noch heute im Volksmund »Spuckstein« heißt, so abscheulich waren ihre Taten. Allerdings dürfte die tadelnde Redensart »... das sieht hier aus wie vor Gesche ihrem Bett« wohl kaum auf diese Blaustrumpf-Frau zurückzuführen sein.

*Richter Smidt*
sprach auch im Dienst meist nur platt und ließ sich durch schwafelnde Aussagen nicht vom Thema ablenken. Er »kannte seine Pappenheimer«. Bei »kleinen Sündern erging dann zumeist ein schnelles

Urteil«. – »Kurzen Prozess machen«, sagt man heute noch in Bremen für die schnelle Beendigung einer unangenehmen Sache. – Das klang dann wohl so: »Wat hest du dohn?« – »Ick, nix!« – »Un wat för een büst du?« »Zigarrnmoker!« – »Dree Dage!«, soll es dann wohl geheißen haben, eben weil die immer was auf dem Kerbholz hatten, die Buntentorschen Tabakschmuggler.

*Großer Manitu*
nennen seine politischen Freunde den damaligen Präsidenten des Senats, Bremens Bürgermeister Hans Koschnick. Man kennt ihn auch als »Hans, den Polit-Schnellsprecher«, dessen flinke Gedanken immer schneller sind als die flotten Reden und die schnellen Reisen. Das ergibt in der Haspelei manchmal die tollsten Wortverkürzungen, wie z.B. Bundesausmister (Bundes-Außenminister) oder Unterschuss (Untersuchungsausschuss), um nur zwei einfache Beispiele zu nennen.

*Wilhelm Kaisen*
»us Willem«, Bremer Bürgermeister nach dem Krieg, ist immer mit Humor und Optimismus an die Dinge herangegangen, ohne dabei den klaren Blick für die Gegebenheiten zu verlieren. Von ihm gibt es viele Aussprüche; auch solche, die andere als von ihm stammend verbreitet haben. »Wenn's man nur für Bremen gut ist, will ich das wohl gesagt haben«, meinte er dann dazu. Sein Zuspruch war immer derb und klar: »Kiek nich in't Muuslock, kiek in de Sünn!«

*Wi armen Fuhrlüüd*
ist noch heute der Name des alten Stammtisches Bremer Spediteure, die sich nicht genieren, der alten Zeiten zu gedenken, als man noch »mit'n Peerwagen« das Exportgut zum Hafen bringen musste. Und weil der Fuhrlohn schon immer karg bemessen war, hat sich der Stammtischname über die Jahrzehnte so erhalten. Heute ist das bewusste berufliche Tiefstapelei. – Jedoch Mudder Cordes mit ihrem Esel Anton hat schon damals nicht dazu gehört. Sie war ein winziger Alleinbetrieb mit noch kärgerem Dasein.

*Latten-Böhmcker*
Bürgermeister im »Tausendjährigen Reich« war Heinrich Böhmcker, und er hatte sich den Spitznamen nach Bremen mitgebracht. Der lief ihm als früheres Erkennungszeichen voraus, als er sich bei politischen handgreiflichen Auseinandersetzungen mittels schnell herausgebrochener Zaunlatten die Gegner vom Leibe hielt. Aber er hatte auch noch andere, unfreundlichere Spitznamen, über deren Ursprung sich der Chronist lieber ausschweigt.

*Bremer Aal-Onkel*
Hans Hurrelmann ist überall in Bremen bekannt, zwar weniger mit seinem richtigen Namen, dafür jedoch umso mehr als der wortgewandte Bremer Aal-Onkel. So ist er fünfzig Jahre lang mit Schipperjacke, Mütze und Regenschirm ausstaffiert und mit Henkelkorb versehen mit regelmäßiger Wiederkehr in den Büros erschienen. Zunächst steckte er vorsichtig den Kopf durch die Tür und fragte dann: »Hett' all Geld geben?« Alsdann deckte er seinen Korb auf, breitete die leckeren Räucheraale aus, die er so anpries: »De mutt fien rosa un knackig sien as de Bost von de junge Deern. Must di de Fingers na slicken!« …

*King Richard*
Zum Wiederaufbau Bremens nach dem Zweiten Weltkrieg und zur schnellen Erstellung von viel neuem Wohnraum gehörte außer politischem Wagemut ebenso viel unkonventionelle Finanzierungsartistik. Beides besaß »King Richard« in wahrlich hohem Maße, und er setzte sich gern schwungvoll über kleinkarierte und parteiliche Bedenken hinweg, auch wenn er letztlich dabei stolperte. Aber »Boljanowgrad« wird noch lange davon zeugen.

*Mister ECHO*
Mit dem Namen seiner Zeitung »neustädter ECHO« hat er sich selbst so stark identifiziert, dass Erhard Stark allenthalben während seiner dreißigjährigen Tätigkeit und vor allem bei den vielen von ihm initiierten Neustädter Veranstaltungen als der »ECHO-Mann« oder eben als »Mister ECHO« bekannt war. Sein unerschütterliches Verhaltensmotto war stets: »In der Ruhe liegt die Kraft!« – Und seine liebste Begrüßung war »Hallo Nachbar«.

## Geschichten um »Fisch-Lucie«, ein Bremer Original

Unter einem »Original« versteht man im allgemeinen einen irgendwie skurrilen Typ. In Wahrheit ist jedoch ein Original ein »originaler Typus«; und das ist ein Mensch, der durch seine ursprüngliche Wesensart und durch seine Urtümlichkeit besonders stark auf die Umwelt wirkt. Solch ein Mensch versucht, durch seine starke Persönlichkeit auf die Mitmenschen nachhaltig einzuwirken – oder er nimmt eben einfach ihre Aufmerksamkeit wegen seiner ausgeprägten Eigenheiten immer wieder in Anspruch.

In diesem Sinne als Originalität gekennzeichnet zu sein, wird sogar noch ein Ehrentitel daraus. Um solche Menschen ranken sich dann in der Erinnerung kleine Erzählungen über wirkliche oder einfach ihnen nur zugeordnete Begebenheiten, die eigentlich nichts anderes wollen, als am Beispiel eines Originals über die Wesensmerkmale einer bestimmten Zeit zu berichten.

In einem Stadtstaat wie Bremen, »wo jeder einen jeden kennt«, werden dadurch herausragende »Ur-Typen« besonders leicht zu legendären Originalen. Es gibt deren hier eine beachtliche Anzahl, wie den Doktor Thulesius und den Richter Smidt als stadtbekannte Honoratioren. Auf der Gegenseite sind es die volkstümlichen Figuren, wie Mudder Cordes, die Fuhrfrau mit dem Eselgespann, oder das Markt-»Vollweib«, das allerorts als »Fisch-Lucie« bekannt war. In dieser Reihe schließt sich in gleicher Lebensechtheit Heini Holtenbeen an, während einige andere doch mehr Symbolfiguren für eigenständige Lebensart und für ortsgebundene Besonderheit sind, wie z.B. Käppen Brass als legendärer Segelschiffskapitän oder in Gestalt des Käppen Bruns als weltweit befahrener Dampferkapitän, Vadder Sengstake, Mudder Meyerdierks, Madda und Kede, um nur ein paar solcher Beispiele zu nennen. Aber auch sie passen sich in den Rahmen um »Fisch-Lucie« als zugehörig ein.

Lucie Flechtmann (1850–1921), genau hieß sie Johanna Lucie Henriette **Flechtmann**. Schon zu Lebzeiten erzählte man sich

Lucie Flechtmann

viele Geschichten über sie, die als »Fisch-Lucie« überall bekannt und wegen ihres unübertrefflichen Mundwerks berühmt und auch gefürchtet war. Sie war die Idealgestalt der deftigen Marktfrau mit Herz auf dem rechten Fleck oder wie man sagt »Herz mit Schnauze«. Ihre nicht zimperliche »Kodderschnauze« machte jeden Widersacher mundtot.

Zweimal verheiratet, hat sie insgesamt 16 Kinder aufgezogen, was neben dem täglichen Geschäft gewiss keine leichte Aufgabe war. Noch heute sind Nachkommen der Familie als Fischhändler tätig, also eine weit über 100 Jahre bestehende Familientradition.

### *Fischändler-Familie mit Tradition*

Die Geschichte der Flechtmanns erlosch nicht mit Lucies Tod. Ihre Tochter Lucie (!) Götz, geborene Flechtmann, setzte die Familientradition fort und entwickelte ähnliche Meriten wie ihre berühmte Mutter. So empfahl sie zum Beispiel ihren Kunden, denen ihre Fische zu klein waren, sie sollten diese im Blumentopf weiterwachsen lassen.

Auch die »schlagende« Tradition führte sie weiter – wiederum mit einem Schellfisch, den sie an einer Dame missbrauchte. Den Grund kannte ein Nachbar: »Sie war schrecklich eifersüchtig, unsere Lucie.« Lucie Götz starb im September 1950.

Doch die Flechtmanns waren dem Bremer Markt treu geblieben. Jeden Donnerstag, Freitag und Sonnabend konnten wir noch Fisch-Lucies Enkel Johann Dietrich auf dem Domshof antreffen, bis er sich letztlich doch auf das Altenteil zurückzog. Auch er war im Laufe der Jahre zu einem Altbremer Original geworden.

### *Wochenmarkt*

In Wucht und Fülle nicht zu übersehen, beanspruchte sie in ihrer Originalität beachtet und geachtet zu werden. Sie war sich ihres Wertes und der Güte ihrer Ware bewusst. Daran war einfach nicht zu rütteln. Mitfühlend war sie, vor allem mit den »kleinen Leuten«. Da hatte sie ein offenes Ohr für alle Nöte, und sie half ohne große Worte bei unverschuldeten Notlagen, insofern hatte sie »ein Gemüt wie ein Ascheneimer«. Aber mit ihrer Schlagfertigkeit, um nicht zu sagen »Schlappschnäuzigkeit«, stand sie zugleich als

Repräsentativfigur für den Stand der Marktfrauen allgemein und für den der Fischfrauen im besonderen. Ihr konnte keiner »an die Karre fahren«, und ihr konnte man gewiss keinen faulen Fisch unterschieben.

Die ihr nachgesagte Schlagfertigkeit konnte notfalls zum wirklich »schlagenden Beweis« werden, wenn man sie so verärgert hatte, dass sie dann in ihren Fischbestand hineinlangte und mit einem handfesten Schwung den Fischkopf oder das Schwanzende zielsicher plazierte.

Dann aber war das Mundwerk auch in seiner Drastigkeit nicht mehr zu bremsen. So haben sich im Laufe der Zeit die umlaufenden und wiedererzählten Marktfrauengeschichten um Fisch-Lucie als deren Symbolgestalt verdichtet. Ob wirklich so oder vielleicht ähnlich geschehen, das lässt sich heute nicht mehr nachprüfen. Aber alle diese kleinen Geschichten passen so gut zu ihr, dass eigentlich keine Notwendigkeit besteht, deren Wahrheitsgehalt zu prüfen.

Und in ihrer Tochter Tine B. feierte sie auf dem Markt fröhliche Wiederkehr, wenngleich diese dann als Gemüsehändlerin (Grünhökersch), jedoch mit ähnlicher Marktwirkung.

### *Vor lauter Rührung*

Zur Hochzeitsfeier in der Familie einer ihrer guten und langjährigen Kundinnen hatte Lucie den Fisch für das Festtagsmahl geliefert. Sie kannte die junge Braut seit deren Kindheitstagen. So wollte sie sich das Vergnügen nicht entgehen lassen, das frischgetraute Paar aus der Liebfrauenkirche heraustreten zu sehen. War ja auch nicht weit bis dahin von ihrem angestammten Marktsitz aus.

Die Glocken läuteten so schön, die Sonne schien so strahlend hell, alle Welt zeigte ein freundliches Gesicht. Lucie fühlte sich von der Feierlichkeit so recht »ans Gemüt gerührt«. Jedenfalls war mit dem rührseligen Nasenschneuzer auch ganz ungewollt eine kräftige rückwärtige Rührungsäußerung verbunden. Die daneben stehenden Kinder brachen darob in ein schallendes Gelächter aus und umtanzten Lucie: »Lucie mach noch mal so'nen schönen Puup!« – Und eine vornehme Dame rümpfte missbilligend ihre Nase: »Naa – – – !«

Darauf musste Fisch-Lucie nun doch wohl antworten: »Beste Fro, dat mokt Se erst mal nah. Daar könnt Se mol an sehn, wo licht dat is, anner Lüüd Kinner een billig Freid to maken! Kost nix, klingt so good, un dat deiht ok wohl! Mi jedenfalls!«

### *Einkauf*

Um frühzeitig und preisgünstig an die begehrte frische Ware heranzukommen, bestand immer ein lebhafter Wettstreit unter den Bremer Fischhändlern. Gute Beziehungen zu den Kutterkapitänen waren dabei ebenso von Nutzen wie Behendigkeit und schneller Entschluss.

Um die täglich die Weser heraufkommenden Kutter schon vorab abfangen zu können, hatte sich Lucie ein eigenes Boot gekauft und fuhr so den Fischern zu nächtlicher Stunde entgegen. Schon vor Hellwerden hatte sie sich so manchmal den ganzen Fang aller Kutter gesichert, und die am Anlegeplatz wartenden Fischhändler konnten nur noch vernehmen: »Hett Lucie all upköfft!« –

Da half es nichts, sie mussten ihren Bedarf dann bei Lucie eindecken, die dazu nur lakonisch meinte: »Klok sünd se alle, ober plietsch mutt een sien!«

### *Volles Angebot*

Ihr Standplatz war vor der Börse am Marktplatz, und ihr Angebot war immer sehr reichhaltig. Für die »feinen Leute« hatte sie Aal, Stör und Lachs anzubieten. Die Bürger und die »kleinen Leute« holten sich bei ihr Schollen und Butt, Heringe, Schellfisch und Kabeljau. Bei allen Bremern waren aber besonders beliebt die Neunaugen und die vor Frühjahrsbeginn zu Zeiten der so genannten »Stintschauer« eimerweise angebotenen Stinte. Dann roch ganz Bremen nach Bratfisch!

»Lucie, die Stinte haben ja alle einen Wurm!« – »Quatsch, musst Solt op streihn, dann kniept se fors ut!«

### *Pannfisch*

»Lucie, was soll ich bloß mit einem so großen Fisch anfangen?« – Ihre Antwort war überzeugend und einfach: »Doh morgen den Rest inne Pann mit een poor Tüffeln dorto, dann hest Pannfisch, wo dien Kierl sick de Snut nah licken deiht!« (Anner Lüd seggt dor ok »Hoppelpoppel« to.)

*Klares Rezept*

Ein Hausmädchen hatte Fisch einzukaufen und sagte dann zu Lucie: »Die Frau Senator lässt fragen, ob Sie nicht einmal ein neues Rezept für sie wüssten.« –

Lucie: »Deern, segg ehr man, een Rezepp passt ok jümmers: Fisch mutt dreemol swömmen. Eenmal in Water, eenmal in Botter oder Smolt un eenmol in Beer oder Wien! Denn kannst nix verkehrt moken!«

*Fischgeruch*

Eine übertrieben vornehm tuende Dame blieb vor ihrem Tisch stehen und betrachtete naserümpfend die ausliegende Ware: »Ob die auch alle ganz frisch sind?« –

Damit hatte sie aber das Unwetter herausgefordert: »Ji optakelt Fregatt! Wenn een sülms nah Oltjekolontje stinken deiht, denn kann een gor nich rüken, wie frisch mien Fisch is. Fisch mutt nah Fisch rüken un nich nah Stinke!«

*Seltsames Grillfeuer*

An Wintertagen erwärmten sich die Marktfrauen gern an der untergeschobenen »Füerkiek« (Feuerkieke), einem durchlöcherten Blechkasten mit Holzkohlenglut. Und gerade dieser war der Gegenstand eines besonderen Schabernacks. Jedes Mal, wenn Lucie ihr Hinterteil anlüpfte, um sich zum Verkauf vorzubeugen, verbreitete sich um sie ein sehr aufdringlicher Fischgeruch, dessen Ursprung sie beim Niedersetzen so gar nicht ergründen konnte. Und gerade das machte sie »ganz fimmelig«. In ihrer Umgebung gab es nur unschuldsvolle Gesichter. Deshalb wurde sie schon sehr bald arg misstrauisch. Und dann zeigte sich des Rätsels Lösung:

Da hatte ihr doch jemand einen stinkigen alten Dorschkopf auf den Rost ihrer Feuerkieke praktiziert, so'n richtig »olen Pumuchelskopp!« – »Ji Öös, ji verdammigen Fleitangels, ji Beesters, ji Holunken!« Das waren die dabei harmlosesten Schimpfwörter ihrer Kanonade, die sich im einzelnen wahrlich nicht wiederholen lässt. – »Lucie, gifft dat vandage Pannfisch?« – Aber dann wurde es wirklich Zeit, aus ihrer Reichweite zu kommen.

*Reklamation*

Frau Meyerdierks kam herangerauscht, um sich zu beschweren: »Flechtmannsche, ich muss mich doch sehr verwundern. Der Schellfisch gestern war aber gar nicht frisch!« –

Da hatte sie bei Lucie doch wohl den falschen Nerv getroffen: »Dat will ick Se seggen, mien Fro, dat is Eer eegen Schuld. Se harrn em de anner Week all nehmen schullen, als ick se em all anboden harr! Dat weer he knackfrisch!«

*Frischware*

Meinte eine Köchin auf dem Wochenmarkt zu Lucie: »Schlachtfrischen Fisch will ich. Den hier nehm ich nicht, der ist ja schon tot!« –

Das war für Lucie zu viel: »Lat dat dösige Snacken. Wenn du Ossenfleesch halst, denn snitt de Slachter dat dientwegen ok nich ut'n lebennigen Ossensteert! – Willst nu hebben oder nich?«

*Aale*

Lucie hatte etwas dagegen, dass man ihre Ware anfasste und betatschte. Dann reagierte sie sehr drastisch, wie: »Dat Begrabbeln lat Se man, Fro Senater. Aale ward von't Anfaten nich dicker!« – Die Kundin tat es gewiss nicht wieder.

*Sprüche*

Wer sich mit ihr in einen Disput einließ, der zog dabei unweigerlich den kürzeren, zumindest was die Würze des Dialogs anbelangte. Und wenn einer dann meinte, sie könne ihm auch etwas freundlicher antworten, verwies sie ihn »ein Haus weiter«, nämlich: »Dann goh man nah den Moppen-Onkel, de kann gode Sprök maken un weet op allens een poor Riemels!«

*Wegpusten*

Lucie nahm für sich das Vorrecht in Anspruch, als einzige Marktfrau das Männer-Steh-WC unter der Börsentreppe mitzubenutzen. Sie stellte sich dann ganz ungeniert dazwischen. Auf die verwunderte Frage: »Na, Lucie?«, als ihr am Schluss ihrer Verrichtung ein kräftiger Wind entfleuchte, meinte sie nur: »Ii Mannslüd könnt den Rest eenfach afschütteln, man ick mutt em wegpusten !«

### *Wind*

Wieder einmal war Lucie unter die Börsentreppe gegangen. Und wieder beendete sie ihr Geschäft mit einem deutlich vernehmbaren Knall. »Prost!«, meinte einer der danebenstehenden Herren dazu. Und sie konterte: »Wo veel Water is, dor is ok jümmers Wind!«

### *Zeugenvernehrnung*

Lucie war als Zeugin vor Gericht geladen, um in einer »streitbaren« Angelegenheit auszusagen. Auf die Frage des Richters: »Haben Sie das alles selbst gesehen?«, konnte sie nur antworten: »Nee, Herr Rat!« »Woher wissen Sie das denn, Frau Flechtmann?« – »Dat heff ick hört, Herr Rat!« –

Damit war die Vernehmung zu Ende, und der Richter bedeutete ihr, dass vor Gericht nur das wirklich Gesehene gilt.

Lucie war echt vergrellt, dass man ihre Aussage so einfach nicht haben wollte. Dafür war sie doch extra aus der Neustadt hergekommen.

»Ist ja nun gut, Frau Flechtmann, Sie können wirklich gehen!« – Also musste sie abziehen. Kurz vor der Tür machte sie ihrem aufgestauten Ärger mit einem hörbaren rückwärtigen Knall noch schnell gehörig Luft und wurde prompt wieder vor den Richter zitiert. Der verpasste ihr eine Strafe von drei Mark wegen ungebührlichen Benehmens vor Gericht. Und nun kam ihr großer Auftritt:

Lucie: »Nee, betahl ick nich!«

Richter: »Warum, bitte, wenn ich fragen darf?« –

Lucie: »Hebbt Se wat sehn? – Also weer dat ok nix. Denn wat Se blots hört hefft, dat gilt vör Gericht doch nich!«

### *Recht*

Einst auf dem Gericht war Lucie der Meinung, sie sei zu Unrecht verurteilt worden. Sie hatte ihren eigenen Ausdrücken bei einem nachbarlichen Streit kein Gewicht beigemessen, sich aber auch in der Ausdrucksweise keineswegs beherrscht. Alles Leugnen half nichts, und Richter Smidt musste wegen Beleidigung ein Urteil gegen sie sprechen, was sie wiederum gar nicht als rechtens empfand. So schimpfte sie denn lautstark, schrie das halbe Gericht zusammen: »Ick will mien Recht hebben, dat lat ick mi nich nehmen!« –

So öffnete Richter Smidt noch einmal seine Bürotür und entgegnete darauf: »Recht hebben is noch lang nich ok Recht kreegen! So, un nu suus af!«

### *Hummerjung*

Ein Herr mit Hund blieb beim Marktspaziergang vor Lucies Stand stehen. Er betrachtete interessiert den daneben stehenden Korb voller lebender Helgoländer Hummer. Bei einem wahren Prachtexemplar hatte sich die Verschnürung über einer Schere gelöst, was bislang noch niemand bemerkt hatte. Als der Hund unvorsichtigerweise mit seinem Schwanz darüber hinwedelte, geschah dann das Unheil. Der Hummer klappte die offene Schere zu, und der Hund ging ab mit Geheul.

»Och, bester Herr, fleiten Se doch mal Eeren Hund«, rief Lucie ihm zu. »Ick will Se wat hosten, fleit Se man Eeren Hummer!«

### *Familienbesuch*

Lucie hatte eine große Familie mit vielen Kindern und Enkelkindern und auch sonst noch eine große Verwandtschaft. (Die hat man nun einmal und kann sie sich nicht selbst aussuchen.) Darum meinte Sie zur Frage von Familienbesuch auch nur sehr drastisch:

»Verwandtenbesuche sünd wie ool Fisch. Nah dree Dagen fangt dat an to stinken, denn mutt he weg sien!«

### *Das Missverständnis*

Diese Geschichte hat Sven Burka überliefert, Jahrgang 1930 und gebürtiger Bremer. Seine Mutter hat sie ihm erzählt, und diese hat sie an der Hand ihrer Großmutter miterlebt.

Ort des Geschehens: der Bremer Marktplatz, nicht weit vom Roland. Zeitpunkt: irgendwann vor dem Ersten Weltkrieg. Großmutter Anna stand mit ihrer kleinen Tochter vor Fisch-Lucies Marktstand und betrachtete die Ware, schaute auch ein wenig herum und erblickte schräg hinter der resoluten Marktfrau ihre Freundin, die ebenfalls Lucie hieß. Die Großmutter winkte ihr, rief ihren Namen und irgend etwas, das nicht überliefert wurde. Aber eins scheint sicher: Fisch-Lucie glaubte, sie sei gemeint, verstand aber nicht, worum es ging und witterte Unheil. »Wat wullt du?«, kreischte sie los, ergriff einen ihrer ellenlangen Aale und schlug ihn – klitsch, klatsch – der verdutzten Kundin um die Backen.

### *»Weiße Hände – gelbe Beine«*

Nein, der Markt war nicht der Ort, die feine englische Art zu lehren. Davon zeugt auch folgende Begebenheit:

Einmal will eine Dame ihren Kauf bezahlen und zieht dabei ihre wildledernen Handschuhe aus. Da meint die Fischfrau: »Oh Madam, wat hefft Se för schöne witte Hände.« Die Dame entgegnet geschmeichelt: »Ja, das kommt davon, dass ich oft Lederhandschuhe trage, auch bei der Arbeit – was übrigens jede Hausfrau tun sollte. Dann erfüllen auch alte Handschuhe noch ihren Zweck, und die Hände bleiben so schön weiß.« »So! Meent Se dat? Denn mut ick mi obers blot wunnern. Mien Mann drägt all siet twintig Johr bi de Arbeit engelsch-ledderne Boxen, un daar möt Se mol sehn, wat de för gäle Beene hett!«

### *Anglerlatein*

Irgendwann vor mehr als hundert Jahren war mal in Bremen ein in der Wesermündung gefangener Stör von über vier Metern Länge angelandet worden. Lucie erzählte gern als Jugenderinnerung davon. Und diesen Riesenfisch hatte man vor einem Schaufenster eines Fischgeschäftes aufgebaut, bis er dort zerlegt und verkauft wurde.

Klar, dass solche Sehenswürdigkeit nicht nur Fischersleute und Fischhändler anzog, sondern auch schaulustige Bürger und Fahrensleute. Den Fisch sehen und staunen: Das war für den Dampfer-Käppen Bruns fast zu viel. Solch eine Größe hätte sogar er selbst in keiner seiner Seefahrtsgeschichten erdichten können. Ihm verschlug's fast die Sprache, und er meinte dann nur: »Der den da gefangen hat, der muss doch ein ganz infamitschen Lügner sein!«

### *Keine Beleidigung*

In einer streitbaren Auseinandersetzung zwischen zwei Fischfrauen ist es nicht nur beim Wortwechsel geblieben, sondern Lucie hat, wohl weil sie die andere »pattu nicht mögen tat«, einmal kräftig zugelangt und der anderen Marktfrau einen Schellfisch mehrfach um die Ohren geschlagen. Das Gesicht sah einigermaßen malträtiert aus. Also gab es eine Anzeige und eine Gerichtsverhandlung.

Der Richter versuchte zwischen den beiden Streithennen mit der Frage zu vermitteln, ob es denn bei der an sich verständlichen Erregung nicht auch ein paar – vielleicht etwas kräftigere – Worte getan haben würden. Aber gleich zuschlagen, und denn noch mit einem Fischschwanz?

Ob der Antwort dann einiges Erstaunen bei ihm:

»Nee, Herr Richter, ne Beleidigung schullde dat doch nu ok grod nich sien!«

### *Stickelstangen*

Die ersten Angelversuche eines Bremer Butjers richteten sich schon immer auf Stickelstangen. Das sind Stichlinge, also Kleinfische der hiesigen Gewässer. An solch kleinen Fischen war nun nichts dran, um sie für die Pfanne gebrauchen zu können. Sie taugten aber immer noch für bildhafte Vergleiche.

Einmal nörgelte eine Kundin an den Aalen herum und meinte, dass die doch man recht spiddelig und dünn wie Stickelstangen wären. Da bekam sie es aber mit Lucie zu tun: »Se olen Quesenbüdel, Se slieken Aantvogel, wat verstoht Se denn von Aale? Un wat heet hier Stickelstangen? – Se schulln man froh sien, wenn Ehr Kierl so'n dicken Dödel harr!«

### *Heißes Wortgefecht*

Einmal hatte sich Lucie mit einer Kundin, deren Fragen und Mäkeleien immer lästiger wurden, schließlich »so richtig inne Klatten gekriegt«. Zuerst ging es ihrerseits ja noch ganz höflich zu mit: »Fro Senater, dat will ick Se ober seggen …«

In der weiteren Steigerung klang es schon etwas ungemütlicher: »Hobelmannsche, un nu hollt Se man de Luft an …«

Doch schließlich war kein Halten mehr, und Lucie futerte los: »Se ool Slarrtje, Se Driebersche, Se Slickumlacksche, wat billt Se sick in, wat Se woll sünd? – Dat wat Se sünd, dat bin ick all lang!« –

Darauf passte nun wirklich kein Deckel mehr. Lucie aber konnte gar nicht verstehen, dass sie wegen Beleidigung vor Richter Smidt kommen sollte.

### *Klare Beweisführung*

Es war nicht gut, sich mit Lucie im Wortgefecht anzulegen, und in der Handgreiflichkeit schon gar nicht. Wenn aber Fischfrauen miteinander stritten, dann ging es keinesfalls zimperlich zu. Zuletzt kam Lucie »so bannig inne Raasche«, dass sie in paar Pferde-Äpfel von der Straße aufgriff und ihre Gegnerin damit bewarf. Die war gerade so recht in Schwung mit schimpfen, hatte just den Mund weit aufgerissen, als – Deibel ok! solch ein Wurfgeschoss voll traf und ihr das lockere Mundwerk auf ungewöhnliche Weise verschloss. Ein paar Standnachbarinnen wollten die beiden Streithennen »begöschen«, aber vergeblich. Die so Getroffene bölkte, wenn auch wohl etwas unverständlich, weiter:

»De blifft daar binnen, so lang bit dat de Pollizei kummt!« – Auch so kann man Beweise sammeln.

### *Schön warm*

Wintertags kam einer ihrer Marktkollegen darauf zu, wie Lucie über der Roste vom Ratskeller-Küchenfenster auf dem Kaiser-Wilhelm-Platz beim Liebfrauenkirchhof stand und sich die aufsteigende Warmluft unter dem Rock einfing. Offenbar stieg ihr die Wärme angenehm an den Beinen hoch, und sie räkelte sich ganz wohlig.

»Na, Lucie, so hast das wohl fein warm unnern Rock?« –

»Geiht di gor nix an, off ick nen koolen or warmen Oors hebb. Ober dat kannst di marken: Wer lang leewt, de ward old. Un wer lang op'n Steen sitt, dem ward de Oors kold!«

### *Kleid anmessen*

Lucie hatte eine ihrer Töchter zur immer für sie arbeitenden Hausschneiderin geschickt, damit sie herkomme, um ihr »een eenfach Kattun-Kleed« anzumessen. Die Meisterin musste aber unbedingt selbst kommen, denn von »de Neiherschen« durfte keine an Lucie heran, da »war sie ganz eigen in«. Die kleine Tochter der Schneiderin, die auch sonst immer mitging, begleitete die Mutti. Doch Lucie fand das gar nicht so selbstverständlich und fragte dann auch gleich in ihrer »herzlichen« Barschheit:

»Wat wullt du denn hier? De dicke Lucie ankieken? – Stell di dor inne Ecke, un dreih di nich um!« Erst dann durfte die Schneiderin

Maß nehmen. Aber die Lütte hatte doch »so'n klein büschen unnern Arm rübergeschuult«.

### *Zuschnitt*

Vom Maßnehmen bei Lucie zurückgekehrt, machte sich die Hausschneiderin gleich über den Schnitt her, denn für Lucies Maße gab es doch keine fertige Vorlage. Also eine Zeitung groß auf dem Fußboden ausgebreitet und dann mit schwarzer Schneiderkreide darauf die Schnittlinien aufgemalt. Inzwischen war der Ehemann von der Arbeit nach Hause gekommen, sah die frische Zeichnung und meinte: »Na, willst du einen neuen Schinkenbeutel zuschneiden?« (Die brauchte man damals zum luftigen Aufhängen der frisch geräucherten Schinken.)

»Nee, dat is de Ärmel von Lucies Kleed«, und sie kümmerte sich nicht mehr weiter um des Mannes Gebrabbel.

### *Kommissbrot*

Vor dem Ersten Krieg war es. Der Sold eines einfachen Soldaten war, wenn von zu Hause nichts dazukam, doch recht mager. Ein junger Soldat von schmächtiger Statur stand an einem kühlen Tag vor Lucies Stand und blickte sehnsüchtig auf die dort ausgebreiteten Speck-Aale, die er sich nun wirklich nicht leisten konnte. Lucie, die immer ein Herz für »lütte Lüüd« hatte, spürte ein ehrliches Bedauern und sagte zu ihm: »Na, mien Jung, kannst di een daarvon nehmen, un lot em di smecken. Dat is beter as dröög Kommissbrot!« –

Und als er noch immer zögerte, drückte sie ihm einen schnell eingewickelten Aal in die Hand und schob ihn weiter, denn eigene Rührung mochte sie nicht gern zeigen: »Is all good, mien Jung!«

### *Probefahrt*

Nach alter Seefahrtstradition haben Frauen seit eh und je nichts an Bord von Seeschiffen zu suchen und schon gar nicht auf der Übergabeprobefahrt eines Neubaus. Dem würden sie durch ihre Anwesenheit nur Unglück gebracht haben, glaubte man.

Als nun Franz Stapelfeldt (vonne »Akschen«, d.h. von der Werft A.G. »Weser«) einmal bei Lucie an ihrem Marktstand vorbeikam, wollte sie es aber doch genau wissen. Es würde ihr auch gefallen, bei solcher Gelegenheit einmal mitzufahren, denn sie sei schließlich doch wohl bekannt und berühmt genug. Er wehrte ihr Ansinnen auf Mitnahme mit der gebräuchlichen Ablehnung ab. Sie aber ließ das nicht gelten und erwiderte: »Ick weet, Froenlüüd schalln darum nich mit, wieldat se nich öber de Reling pissen kunnen as de Mannsminschen. Dat schall ick Se woll wiesen, dat een Fro ok öber de Kant miegen kann, mutt bloots een von achtern düchtig fastpicken. Dann geiht't!« – Half aber doch nicht.

*Käppen Bruns*

Er sollte, wenn er »nach Stadt zu geht«, zum Mittagessen vom Markt Schellfisch mitbringen und steuerte auf Lucies Stand zu. Natürlich juckte es ihn wieder einmal, sie ein wenig zu pieksen. So nahm er einen besonders großen Fisch in die Hand und hielt sich den Fischkopf vors Gesicht. Lucie: »Wat snupperst du an mien Fisch? Du bist keen Köter!« Bruns: »Lucie, wees still! Ick will mit em snacken un em fragen, wat Weer buten is. Un he meen: Weet nicht, vörige Week weer't moii!« Das dann folgende Unwetter veranlasste ihn, schnellstens mit Brassfahrt abzulaufen – ohne Fisch.

*Kleines Einmaleins*

Lucie und zwei ihrer ebenfalls schwergewichtigen und gleichermaßen breitformatigen Töchter nehmen zu dritt die volle Breite einer Viererbank in der Straßenbahn ein. Der Wagen ist knackevoll. Ihnen gegenüber stehen vier Männer im Mittelgang und halten sich an der Stange oben fest. Meint einer von ihnen: »Tsieh da, drei Grazien auf einer Bank!« –

Das ist für Lucie das Stichwort zum Gegenschlag, und die Antwort ist ihrer Art gemäß drastisch und deutlich: »Ja, un veer Arslöker an een Strang!« … Und der Rest ist Schweigen …

*Der dressierte Karpfen*

Solange man an ihrer Ware nicht rummäkelte, hörte sich Lucie auch gern einmal an, wenn andere etwas von Fischen zu erzählen wussten. Nur wenn einer dabei zu doll aufschnitt, dann wurde sie schließlich doch vergrellt und ließ ihn mit seiner Pointe auf deutliche Weise abfahren.

Da kam »een Utlandschen« auf den Markt, ein Besucher aus dem fernen Bayern, und wollte seinen Spaß an ihr auslassen. So fing er denn an zu räsonieren: »Ja, einem Karpfen kann man schon was beibringen. Ich habe mal einen gefangen und dressiert. Nicht im Wasser, nein als Trockendressur. Jeden Tag ein paar Minuten mehr, bis er schließlich einen ganzen Tag ohne Wasser auskam!« –

»Na, nu mok mal halflang un versluck di nich an dien eegen Wöör!« Doch der ließ sich nicht unterbrechen:

»Nachher hatte ich ihn soweit, dass er mit mir an der Leine in den Wald ging. Nur wenn schlechtes Wetter war, dann verkroch er sich hinter den Ofen!« –

»Daar hörst du ok hen, du opsneen Tuffel! Wo hest denn dien Karp, dat Wunnerdeert?« –

»Ja, das ist man ein Unglück! Als ich letzten Sonntag mit ihm über die Isarbrücke ging, bin ich auf einer Bananenschale ausgerutscht. Da hat er sich losgerissen, ist in den Fluss gefallen und ist ersoffen!« –

»Kannst ja mol von Glück seggen, dat he di nich mitreeten harr. Denn weerst ok dood, un in München harrn se Hochwater. Du olen Sabbelmoors! Hau blots af!«

### *Rätselraten*

Es gelang zwar recht selten, Lucie mal reinzulegen. Aber manchmal klappte es doch: »Lucie, was ist das: Hängt an der Wand, ist lang und weiß, und du kannst dir die Hände drin abtrocknen?« –

»Willst mi woll veräppeln, wat? Is een Handook, dat is doch woll klor!« »Nein, falsch geraten!« –

»Na, meenst villich een Beddlaken?« »Nein, wieder falsch: Das ist ein Hering!« –

»Du Dösbattel un Tüünbüdel, wat Hering sünd, dat schall ick doch woll weeten. Un witte Hering gifft't gor nich un hang ok nich an ne Wand!« –

»Ja, aber man kann ihn da doch aufhängen!« –

»Büst du mall, un denn noch de Hannen an afdrögen?« »Kannst du ja, aber brauchst du nicht!« –

Doch dann war es aber auch allerhöchste Zeit, dass er die Kurve kriegte, denn Lucie hatte sich schon zu voller Lebensgröße erhoben und wollte gerade mit einem Schellfisch zuschlagen.

*Wiegen*

Unterhalten sich zwei Spaziergänger auf ihrem Gang »übern Maakt«, und meint der eine: »Segg mol, wat mag dat dicke Fischwief daar woll wiegen?« »Nee, weet ick nich!« –

»Is doch ganz eenfach: Fische!«

*Freundliche Ermahnung*

»Daag, Hesemannsche, wat schall't vondaag denn sien?« – und Lucie wies auf die vor ihr ausgebreiteten Fische hin.

»Nehmt Se man Flundern!« –

»Sind die denn auch frisch?« – (Eine nervige Frage.) »Just so knackfrisch as Se sülms!« –

»Ja, aber sie sind doch mal sehr dünn, scheint's mir!« –

»Wat seggt Se? – So dick as Ehrn Buuk könnt de ok nich sien!« – (Es zeigt sich erstes Grollen.)

»Na, denn will ich doch mal sehen, ob sie auch fest im Fleisch sind!« Lucie begann langsam zu kochen, hielt sich aber noch fein zurück: »Wat schall dat Begrabbeln? Mokt Ehr Kierl dat mit Se ok so? – Ick segg Jo in alle Fründschapp un Fründlichkeet: Nehmt Se fors Ehr speckig Grabbelfinger daar weg!« –

»Na, erlauben Sie mal!« –

»Ja, do ick un dat glieks een paarmal, du ol Postüür, du Pottschraper, du ol Puttfarken. Kiek doch blots an, dissen Fregattvagel: Drägt een Kapotthuut, hett sick eern doden Hund um den Hals wickelt, lopt op scheebe Stebel un will denn een braav Fischfro wat vertelln! Stick di een Bruunkohlstrunk inn Oors, un denn bist een fien Pageluun. – Du rükst nah Stinke un weest gor nich, woans een frisch Fisch to erkenn is. – Noch een Ward, un du schallst an de breede Flunder versticken, de passt just dwars in dien breedet Smeermuul! Schall ick di mol daarmit fadern?« Bei Frau Hesemann gab es an diesem Tag jedenfalls keinen Fisch …

*Armut ist keine Schande*

Für »kleine Leute« bewies Lucie immer viel Verständnis und hatte in ihrer mitfühlenden Art für sie auch immer »eine offene Hand«, um Nöte und Sorgen zu lindern. Wer sich in ehrlicher Verlegenheit an sie wandte, kam niemals vergeblich. Aber auch stille Hilfe kam oft von ihr, ungefragt. So erzählte eine einfache Frau erst viel später nach Lucies Tod, dass die ihr damals die ganze Hochzeitsaussteuer bezahlt habe, weil sie selbst nichts besaß.

Lucies Wahlspruch war immer: »Wees ehrlich un bliff ehrlich; un denk ok jümmer an de armen Lüd, de~dien Hülp nödig hebbt!«

Danach handelte sie.

*Auf einem Haufen*

Neben dem Geschäft noch 16 Kinder aus zwei Ehen aufzuziehen, dazu gehörten Gleichmut und Gemütsstärke – und auch nachbarschaftliche Hilfe. So wurden die in der Gegend herum stromernden Kinder spätnachmittags von hilfreichen Freunden auf Straßen und aus ihren Spielverstecken zusammengelesen und bei Lucie abgeliefert.

Dabei brachte man ihr einmal eine reichlich verdreckte und brüllende Göre von etwa drei Jahren heran. Da Lucie gerade am Waschtrog stand und rubbelte, hatte sie gewiss keine Zeit, sich auch noch erst umzudrehen. Vor lauter Weserschlick waren Gesicht und Kleidung völlig unkenntlich, deshalb die wohl berechtigte Frage: »Ist das eine von deine, gehört die auch bei deine bei?« –

Lucie: »Seh ick denn bi'n Waschen. Smiet dat man eerst mal bi'n Bulten!«

*Bezahlung*

Als Lucie im Alter nicht mehr selbst den Einkauf machen konnte, musste sich ihr Sohn darum kümmern. Er hatte aber immer genau zu berichten, denn das Geld war weiterhin in ihren Händen. So kam der Sohn also herein und fragte nach Geld, um die heraufkommenden Kutter zu bezahlen.

»Wekke Nummern sind dat denn?« Womit für sie denn auch gleich alles klar war, denn sie kannte doch deren übliche Mengen.

»Dat Geld liggt dor inn'n Seeländer (Schreibsekretär). – För Nummer negen in de boverste Schuuflaad, un för den annern in de tweede!« Er wollte noch etwas fragen, aber sie wies ihn zurecht: »Los, nimm un treck aff; mehr gifft nich, is all so meist toveel, dat stimmt!«

### *Beamte*

Wenn wirklich mal Ruhe im Haus eingekehrt war, dann saß Lucie gern auch mal vor der Haustür, um sich mit ihrem Nachbarn Arend zu beklönen. Der hatte ein Fuhrgeschäft und besaß eine Anzahl von Kutschen und Wagen.

Ob ein kleiner Beamter, der zur Mittagszeit vorbeikam, nun nicht freundlich genug gegrüßt hatte oder ob es an Lucie lag, die Beamte einfach nicht leiden mochte, bleibt sich bei ihrer Bemerkung ohnedies gleich. Jedenfalls bekam er beim zweiten Vorbeigehen in umgekehrter Richtung Lucies ganze »Freundlichkeit« zu hören: »So is dat recht! – Kummt as een Muurmann un geiht as een Koopmann. – Wann arbeit'st denn?«

### *Sportfreunde*

Von ihrer Wohnung vom Neustadtswall bis zum Fußballplatz am Neustadtsbahnhof war es nicht weit. Der dortige Sportverein, dem viele der so genannten »kleinen Leute« angehörten, hieß allenthalben in der Neustadt »Stern am Neestädter Bohnhoff«, und Lucie hat mit mancher Mark und mehr ausgeholfen. Klar, dass sie dabei sein wollte, wenn »mien Jungs« spielten. Als die Füße nicht mehr so recht wollten, ließ sie sich einfach auf einem Stuhl dorthin tragen. Auch wenn die Jungen ob der ungewohnten Last ein wenig stöhnten, mussten sie sich von ihr ein paar drastische Belehrungen gefallen lassen: »Na, ji Smachtlappens, nu hebbt ji man nich so. Wenn't een Jungdeern hochtobörn un wegtodrägen gilt, denn stöhnt ji ok nich un könnt daarbi sogar noch Söötholt rappeln!«

### *Mehrspännig*

Lucie hatte auch schon mal dran gedacht, wie es einmal aussehen solle, wenn man sie zum Friedhof fährt. Bei den »feinen Leuten« drüben auf der anderen Weserseite war das beste doch ein achtspänniges Gefährt, was ihr auch wohl gut anstehen würde. So meinte sie: »Wenn ick nah Kösters Kamp mutt, denn ober mit acht Peer, un op'n Buuk will ick ok nich liggen! Sieh blots to, dat Sargmeyer een fien Kalesche find!« – Ganz so »fürnehm« ist es dann doch nicht geworden, vierspännig soll aber für die Neustadt auch noch ganz respektabel gewesen sein.

### *Alle mit Zylinder, fast wie bei einem Staatsbegräbnis*

Für den Trauerzug hatte Lucie schon zu Lebzeiten ihre Anweisungen im voraus gegeben. Musik musste dabei sein. Für sie stand fest, dass es nur die Blaskapelle sein konnte, die von dem früheren Militärkapellmeister Reichel angeführt wurde und aus lauter ehemaligen »Fünfundsiebzigern« bestand, die vor dem Ersten Weltkrieg in Bremen schon stadtbekannt waren.

Der Würde des Anlasses entsprechend sollte die ganze Kapelle mit »Seeländern« behütet sein, also alle mit schwarzen Zylindern. Die hatte Lucie schon rechtzeitig anmessen lassen und auch im voraus bezahlt. So zogen sie denn »alle mit hohem Hut« vom Hohentor hin zum Buntentor. Es war nicht nur ein großer Trauerzug, der dem Sarg von Lucie folgte, sondern dazu kam noch so etwas wie ein wahrer Volksauflauf, der sich zu ihrem Begräbnis zusammenfand.

Jedenfalls musste die Polizei die Straßen rund um den Friedhof absperren, um der großen Anzahl begleitender Pferdedroschken überhaupt die Zufahrt zu ermöglichen.

## Selbstgezogene Bananen, die gibt es ...

In den frühen dreißiger Jahren gehörte schon einiger Einfallsreichtum dazu, um trotz der allgemeinen Wirtschaftsflaute mit einem kleinen Geschäft bestehen zu können: »Und ist der Handel noch so klein, er bringt doch mehr als Arbeit ein!« –

Wer den Jacob von damals kennt, erinnert sich gern daran: Jacob handelte mit Bananen. Jeden Tag nahm er sich eine andere Straßenecke in der westlichen Vorstadt vor, wo er seinen Handkarrenstand aufbaute. Er war zwar kein wortgewaltiger Marktschreier, aber dennoch ein redegewandter Verkäufer, dem die »dummen Sprüche« nur so zufielen. So war er schon damals so etwas wie ein Straßenoriginal und war auch im reifen Alter von über 80 Jahren noch stolz darauf. Sein Standardspruch, wenn er nach der Herkunft seiner Ware befragt wurde, war einfach und verblüffend: »Leute, kauft! Das sind alles selbstgezogene Bananen, ehrlich!« – Das war sein Verkaufstrick, den er auf drängendes Befragen nach Aufzucht und Zuchtmethode dann sogar auch verriet: »Doch ganz einfach, den Karren ziehe ich immer selbst! So, nun kauft auch was!« Er hatte damit Erfolg.

Bei der Karre ist er dann auch zeitlebens geblieben. Sie wurde im Laufe der Jahre immer größer, und es kamen weitere hinzu. Daraus wurde dann ein Eilbotenunternehmen. Noch lange gehörte ihm dieser Fuhrbetrieb, der täglich eine schöne Anzahl von Lkw im Einsatz hatte. Er setzte sich sogar selbst ans Lenkrad, wenn es erforderlich war. Und meinte dazu: »Nur dann rollt der Betrieb; aber selbstgezogen, das war damals noch'n ganz annern Schnack!«

## Bremer Allerlei

### »So’n büschen umzu«
### Bremisches in ausgesuchten Stichworten von A bis Z

*Für Bremer, die es wissen müssten, und für Butenbremer, die es wissen möchten*

*Aal satt*
ist in allen Monaten mit »r« darin ein beliebtes Essvergnügen als Brataal »bis zum Geht-nicht-mehr« mit Bohnensalat und Kartoffeln. Die Gabel legt man bald beiseite, und »man isst mit den Fingern«, die nachher mit dem letzten klaren Korn gereinigt werden.

(Kann man auch mit Räucheraal [Smuttaal] machen, aber davon schafft man dann höchstens halb so viel.)

*Buntes Huhn und Pluckte Finken*
Buntes Huhn und Pluckte Finken sind althergebrachte Bremer Eintopfgerichte. Beim Bunten Huhn besteht die Fleischbeigabe aus kleingeschnittenem Räucherspeck, zusammengekocht mit weißen Bohnen, Wurzeln, Kartoffeln und Äpfeln. – Pluckte Finken haben nichts mit gerupften Vögeln zu tun. Dieses Nationalgericht entstand zu jenen Zeiten, als man die Haltbarkeit des Fleisches vorwiegend mit Räuchern und Pökeln erzielte. Dieser Fleisch-Gemüse-Eintopf enthält viel gelbe Wurzeln, Bohnen, Zwiebeln und Pökelfleisch.

*Centaurenbrunnen*
ist einer der wenigen Bronzeskulpturen, die den Krieg überdauert haben. Er stand ursprünglich, als Geschenk 1891 von Heinrich Gildemeister, Ecke Schwachhauser Heerstraße und Bismarckstraße und wurde bei dem Straßenausbau zu den Neustädter Wallanlagen versetzt. (Centaur/Zentaur/Kentaur ist in der griechischen Sage eine Gestalt von tierischer Wildheit als Pferd mit menschlichem Oberkörper, die auf diesem Standbild eine Schlange umklammert und sie Wasser speien lässt.)

*Demokratie*
versteht sich hier, so meint ein alter Bremer, in der Praxis als eine »Heini – Didi – Fidi – Kuddel – Dynastie«. Am Telefon funktioniert sie so: »Tach Heini, hier ist Didi. Ich schick dir mal den Fidi vorbei. Sieh mal zu, dass du für ihn bei Kuddel alles klarmachen kannst!« – So einfach geht das, ganz ohne Filz.

*Erdbeerbrücke*
wird die Weserbrücke zwischen Habenhausen und Hastedt im Volksmund genannt, weil die links der Weser anwohnenden Steinsetzer in Habenhausen und Arsten seit alters her ertragreiche Erdbeersorten züchten – und besondere Hühnerrassen, Tauben und Hauskaninchen. Habenhausen ist seit 1124 erwähnt, es ist die Gemarkung zwischen Neuenland und Arsten. Die Steinsetzer, ein eigenständiger bremischer Handwerksberuf, sind stolz auf ihre Bezeichnung als »Stratenmaker«.

*Franziuseck*
Von dort schaut die Büste des Strombaumeisters Ludwig Franzius stromabwärts, der im 19. Jahrhundert durch eine geniale Planung der Weserkorrektur und Flussbettvertiefung dafür sorgte, dass der Überseeschifffahrt der Weg nach Bremen erhalten blieb. Dort stehen die Verwaltungsgebäude der Wasser- und Schifffahrtsverwaltung, der Bremer Evangelischen Kirche. Benachbart dazu sind zu erreichen die Deutsche Gesellschaft zur Rettung Schiffbrüchiger mit der Seenotzentrale, die Hochschule für Nautik, das frühere Wasserwerk (auch »Wasserkunst« genannt) und die Kataster- und Vermessungsverwaltung.

*Geschworene*
sind in früheren Zeiten nicht als Gerichtspersonen eingesetzt gewesen, sondern waren ein (geschworener) Zusammenschluss von Bauernschaften, denen der Ertrag des Landes gemeinsam zufiel und von ihnen verteilt wurde. Daraus abgeleitet hat man Ortsvorsteher zuweilen auch Geschworene genannt.

*Herrlichkeit*
ist das östliche Ende des Teerhofes. Der Name hat mit herrlichem Anblick nichts zu tun, sondern er kommt von »Herrschaft«. Die Grundstücke auf der Teerhofhalbinsel zwischen Großer und Kleiner Weser gehörten seinerzeit zum Martini-Kirchspiel und waren im Besitz bremischer Herren aus der Altstadt, eben deshalb als Herrlichkeit bezeichnet. Das Hochhaus an der Herrlichkeit ist die »Versicherungsbörse«, der Geschäftssitz vieler bedeutender Assekuranz-Makler in Bremen.

*Igittegittegitt*
ist der Ausdruck absoluten Abscheus (so richtig mit harter Betonung auf dem »i«), während das weicher klingende Ogottugottugott höchstes Erstaunen bezeugen soll, im Gegensatz zum Ochettetigott, was man nur als großes Bedauern zu verstehen hat.

*Jux und Dollerei*
Solche Späße sind uns Bremern absolut nicht wesensfremd, wir verbergen sie nur unter der uns nachgesagten »S-teifheit«, die gern ein bisschen tiefstapelt als »wees gedechtig«.

Nur zum Freimarkt – bremisch »Freemaak« – wird kräftig draufgehauen, auf den Lukas natürlich, und es wird sich zumindest eine Bratwurst gegönnt, vielleicht auch zwei.

*Karneval und Fasching*
In Bremen wird auch gefeiert, aber nicht so wie im Rheinland. Wir haben dafür ein Alpenfest und sonst noch so einige große »Ball-Festivitaten«, Statt eines Karnevalumzuges gibt es in Bremen an einem Freimarktssonnabend immer den großen Festzug, der wenigstens dann für viele Seh-Leute in der Innenstadt sorgt. Nur »Ahoi« als Schlachtruf ist weder bremisch noch ein echter Seemannsausdruck und ist unausrottbarer Kreuzworträtselbestand.

*Löffeltrunk*
ist eine auch in Bremen beliebte Art, sich mit »klarem Schluck« zuzuprosten. Dazu gehören als unbedingt einzuhaltendes Wechselgespräch:

»Ick seh di« – »Dat freit mi«
»Ick suup di to« – »Dat doh«
»Ick heff di tosopen« –
»Hest den rechten dropen«

und die Pflicht, nichts zu verschütten und nachher den trockenen Löffel abzuliefern.

*Meyerstraße*
steht als Musterbeispiel dafür, wie Bauherren im 19. Jahrhundert gleich ganze Häuserzeilen (sog. »Bremer Haus« – mit Küche im Souterrain) erstellen ließen, die dann von den Erstmietern praktisch trocken gewohnt wurden (gegen niedrige Mieten), bis man die Häuser dann endgültig verkaufte. Die Namensgebung solch neuer Straßen war insofern einfach, indem man den Namen oder auch nur den Vornamen des Grundbesitzers bzw. Bauherrn dafür heranzog.

Nur wenn heutzutage beim Herrenkegeln der Ausruf »Meyerstraße« ertönt, hat das eine ganz andere Bedeutung, nämlich einen schlechten Wurf mit schnurgeradem Durchlauf der Kugel durch die Mitte mit nur drei Holz.

*Nikolauslaufen*
ist ohne die traditionellen Sunnerkluus-Verse gar nicht denkbar und bringt am 6. Dezember ganze Heerscharen buntverkleideter Kinder auf die Straßen, um in den Geschäften lautstark ihre Sprüche aufzusagen, damit der Sammelsack mit süßen Gaben gefüllt wird. Das Singen endet mit »Halli, halli, hallo, so geiht nah Bremen to.«

*Oberländer Hafen*
wurde 1818 im damaligen Bereich des Weserquerarms Pipe als Winterhafen für die Oberweserschifffahrt eingerichtet. Die Pipe ist das Endstück des Weserarms zum alten Stadtgraben um die Südervorstadt hin und war zugleich eine Wasserstelle im Bereich Buntentor/St.-Pauli-Deich.

Bis zum Zweiten Weltkrieg war der Oberländer Hafen eine öffentliche Badeanstalt und Vereinsbadeanstalt des Bremischen Schwimmverbandes. Jetzt ist dort der Hauptsitz der Deutschen Gesellschaft zur Rettung Schiffbrüchiger mit eigener Bootswerft und mit der Seenotzentrale. Gegenüberliegend die Hochschule für Nautik, erkennbar an dem als Schiffsbrücke gestalteten Balkon.

*Plattdeutsch*
»is in« und wird gerade hier in Bremen sehr gepflegt. Im Schnoor befindet sich das Institut für niederdeutsche Sprache, das die niederdeutsche Sprachforschung ganz intensiv betreibt und sich u.a. um die Herausgabe eines Plattdeutschen Wörterbuches sehr verdient gemacht hat, das der Herausgeber Dr. Wolfgang Lindow selbst so kommentiert: »Erst inkieken – dann gleiern«, also hineinschauen und sich darüber freuen.

*Queckenfarmer*
Der emsige Parzellist und Kleingartenfreund ist um den schönen Anblick seines Schrebergartens ständig bemüht und muss sich dabei mit viel Unkrautbeseitigung wie Winden, Gesseln und »Quecken« abplagen (wild wucherndes Gras mit weit auslaufenden

Wurzelstöcken). Deshalb nennt er sich selbst scherzhafterweise eben »Queckenfarmer«.

*Rablhusen un Pusdorp*

Rablhusen ist Rablinghausen und liegt neben Pusdorf, und das ist der volkstümliche Name für Woltmershausen, angeblich wegen des dort immer von der Weserseite her stark pustenden Westwindes. Der Name Woltmershausen erklärt sich aus Siedlung des Grundherrn Woltimer oder Woldemar. Der weiter stromabwärts gelegene Ortsteil ist Rablinghausen, im Volksmund Rablhusen, und dessen Name stammt von Ratteringhausen oder auch Radberinghausen, wahrscheinlich im Ursprung vom Personennamen Radbert. Und die äußerste Spitze zum Weserdeich hin ist Lankenau, das schon 1250 als Lanckenow erwähnt wird (alter Flurname). Nach Schaffung der Neustädter Häfen entstand zwischen Lankenau und Woltmershausen der Weseruferpark, in dem viele Seezeichen als Seefahrtssymbole aufgestellt wurden. Die Landspitze gegenüber dem Wendebecken und der Werft heißt Lankenauer Höft.

Schweinemarkt

So heißt der »Neue Markt« zwischen Brautstraße und Neustadtswall bei den Einheimischen immer noch, obwohl hier schon seit dem 19. Jahrhundert keine Schweine mehr gehandelt werden. Ursprünglich hieß der Platz »Hinter dem Krankenhause« – deshalb auch die benachbarte Krankenstraße, dann später »Hinter der Hauptwache« und wurde 1821 zum »Neuen Markt«. Am Südende des Platzes steht die neue St.-Pauli-Kirche, 1682 gegründet. Ursprünglich an der Osterstraße gelegen, wo sie im Zweiten Weltkrieg zerstört wurde, konnte sie am alten Platz nicht wieder aufgebaut werden. Vor ihr steht auf hohem Sockel der »Kleine Roland«, hier für das Freiheitsbegehren der Bürger errichtet, während der große Bruder auf dem Marktplatz für die Freiheit der Stadt einzutreten hat.

*Speckstippe*

benötigt man zum richtigen Matjesessen mit Pellkartoffeln. Dazu wird kleingewürfelter gestreifter Speck mit Zwiebelwürfeln gedünstet, und das ergibt eine kalorienreiche Fettsoße, in die man die Kartoffeln stückweise einstippt.

Nicht zu verwechseln mit der zum Braunkohlessen gehörenden »Pinkel«, was ein im Darm gekochtes Gemenge aus gewürfeltem Rindertalg, Flomenschmalz, Zwiebeln und Hafergrütze ist, dabei fein abgewürzt. Nichtbremer würden diese auch mit »Knipp« verwechseln. Dieses besteht zwar auch aus Grütze, aber zusammengekocht mit durchgedrehtem Schweinekleinfleisch und Innereien (ohne Leber) sowie Wurstfett. Das wird in der Pfanne aufgebraten und schmeckt hervorragend auf einer Scheibe Schwarzbrot oder zu Kartoffelmus, dekoriert mit einer Gewürzgurke.

*Tischrücken*

ist ein beliebter Freundesspaß beim Bezug einer Wohnung oder eines neuen Hauses. Nachdem man sich mit einem Trick der Haus- und Wohnungsschlüssel versichert hat, wird das junge Paar zu irgendeiner Einladung zum bestimmten Termin aus dem Haus gelockt. Die Freunde rücken »mit Sack und Pack« an, stellen ein paar Möbel um, deshalb »Tischrücken«, und decken die Tafel mit den mitgebrachten Speisen und Getränken. Dabei wird notfalls auch das erforderliche Geschirr und Gläser usw. mitgeliefert. Das ahnungslose Paar wird dann überraschend zurückgebracht und findet eine fröhliche Hausgesellschaft vor. – Inzwischen ist aus dieser Sitte aber auch schon allgemein die Einladung eines Paares selbst an die Freunde geworden, um die neue Wohnung vorzustellen, doch ohne einen Überraschungseffekt wie früher.

*Unterweser*

gilt für den Weserabschnitt ab Weserwehr (zwischen Habenhausen und Hastedt) stromabwärts bis nach Bremerhaven, wo dann die Außenweser beginnt. Stromaufwärts wird der Flusslauf dementsprechend mit Mittelweser und Oberweser bezeichnet.

*Verkehr*

Verkehrslenkung ist ein in Bremen offenbar weithin unlösbares Problem und schafft es nicht, die ständigen Engpässe zu überwinden. Statt dessen gibt es in den einzelnen Stadtteilen seit ein paar

Jahren das beliebte Ortsamtsspiel der »Verkehrsberuhigung«. Dabei wird der ruhende Verkehr durch Slalomfahrt bewirkende Fahrbahnhindernisse auf die Nachbarstraßen abgedrängt, in denen dafür zur Freude der Anwohner dann erhöhter Parkplatzmangel herrscht.

*Wecken oder Heißwecken (Hedwig oder Hetwich)*
Diese Gebäckart heißt auf bremisch natürlich ganz anders. »Hedwig« ist keinesfalls ein Mädchenname, sondern heißt eigentlich »Hede Weggen« und nichts anderes als die bekannten Heißwecken, die ursprünglich ein Fastnachtsgebäck waren, aber jetzt auch zu anderen Jahreszeiten geschätzt werden. Es sind Hefestücke mit Rosinen und Zitronat, die, aufgeschnitten und mit Butter bestrichen, eine wohlschmeckende Kaffeemahlzeit ausmachen.

*»X« für »U«*
»X für U« lässt sich ein »Tagenbaren« nicht gern vormachen. Man ist hier für ehrliche Sprache und für offenes Auftreten, denn »de fiene Art, de will dor nich rin«, wird dem Bremer (missgünstigerweise) nachgesagt. Doch wer kennt schon den Ursprung dieser Redensart? – Der geht weit zurück in historische Zeiten, als die Zahlen noch mit römischen Ziffern dargestellt wurden. Wenn dann einer mogelte und aus einem V (sprich U), also einer 5, ein X, also 10, machte, dann hatte er flugs ein Geschäftchen gemacht. Und gerade so etwas mag man hier nicht.

*Ypsilanti*
ist ein flaches Lebkuchengebäck zur Freimarktszeit mit Mandeln und Zuckerguss. Dicker und rund heißt es dann »Pflastersteine«. Und ohne Zuckerguss nennt man es »Moppen«.

*Zwölf Apostel*
haben mit frommer Legende nichts zu tun. Es waren ehedem zwölf reiche Großbauern im Neuenlander Feld, die im Volksmund so genannt wurden. Und im Bremer Ratskeller stehen im sog. »Apostelkeller« zwölf Wein-Stückfässer, die nach den zwölf Aposteln des Neuen Testaments der Bibel benannt sind.

## Die Bremer Stadtmusikanten

Das Bremer Regionalfernsehen hat in »buten un binnen« die vier Bremer Symbolfiguren der »Bremer Stadtmusikanten« in immer wieder neuen und lustigen Kurzszenen gezeigt.

Sie heißen: D UD O , der Esel,
BELLO, der Hund,
MI A , die Katze,
KIKI, der Hahn.

Hier nun die Story in neuer Versversion:

Der alte Esel trägt nichts mehr,
den Hund plagt schon der Husten sehr,
der Katze jede Maus entwischt,
der Hahnenschrei nur heiser zischt.
Das hat des Bauern Zorn entfacht,
er jagt sie fort in dunkler Nacht.

Sie haben laut gesungen,
und so hat es geklungen:
Ii-ah! Wau-Wau! Mi-au! Kikeriki!

Ihr mitternächtlich Hauskonzert
hat sich gar schaurig angehört.
Sie haben's als Erfolg verbucht,
denn es schlug Räuber in die Flucht.
Das ist's, woran man sie erkennt
als Bremens erste »Rentner«-Band!

Sie haben laut gesungen,
und so hat es geklungen:
Ii-ah! Wau-Wau! Mi-au! Kikeriki!

Sie haben, so erklärt man's jetzt,
für eine Nacht ein Haus besetzt.
Das hat man überall erzählt,
die Story kennt doch alle Welt.
So wurde auf besondre Art
der gute Bremer Ruf gewahrt.

Sie haben laut gesungen,
und so hat es geklungen:
Ii-ah! Wau-Wau! Mi-au! Kikeriki!

Sie haben uns bekannt gemacht
und unsrer Stadt was eingebracht. –
Wer zu uns kommt von nah und fern,
geht gleich zum Markt und grüßt sie gern.
Wie gut, dass es dies Märchen gibt! –
Es macht uns Bremer doch beliebt.

Sie haben laut gesungen,
und so hat es geklungen:
Ia-ah! Wau-Wau! Mi-au! Kikeriki!

## »Ischa Freimaak«: Kuchenherz für Oma

Der liebe Opa ist mit Klein-Meta zum Freimarkt gegangen, so richtig »an Hand«, und dann vom Buntentor zu Fuß durch die Oster- und Westerstraße zum Grünenkamp hin. Schon unterwegs gab es viel zu sehen. Überall blieben sie stehen zum Gucken, damit sie nachher auch ordentlich was erzählen können. Und die gute Oma hatte auch ein paar Mark »auße Schummelkasse« mitgegeben, wo immer das Geld »vonne Rabattmarkens« und die Groschen von Opas leeren Flaschen reinkommen.

So mit'n Karussell fahren, davon hält Opa ja nicht mehr viel. Aber die Lütte war natürlich »auffe springenden Pferde« und im Kettenkarussell, und bei Haberjan hat sie sogar »auf ein richtiges Hottepeerd« gesessen. Die Welt war also rundum ganz in Ordnung. Trotz Schmalzkuchen, Würstchen und Eis gab es doch kein Bauchkneifen. Für den Rest vom mitgegebenen Geld wurden für die Deern noch eine bunte Lutschstange und als Mitbringsel für die Oma ein großes Kuchenherz gekauft. Dieses Herz baumelte lustig vor der Brust von Klein-Meta.

Dann war es aber soweit: »Opa, ich muss mal!« – Also im Schweinsgalopp ab zum Püschern ins Dunkel hinter die Budenreihe und die Freimarktswagen. Doch sie kommt mit Tränen und schluchzend zum Opa zurück und zeigt auf das beim »kleinen Geschäft« im unteren Teil nass gewordene Freimarktsherz.

»Was sagt die Oma nun dazu?« – Sie ist untröstlich, bis Opa schließlich beruhigend sagt: »Musst nix von sagen, mein Lütten! Das macht doch nix, und die Oma merkt das nicht, denn die stippt sowieso immer innen Kaffee!«

ISCHA
Freimarkt

## ... denn in Bremen is »Freemaak«

Warum denn im Dunkeln munkeln?
Lieber doch bei Lichtern schunkeln.
Kommt nach Bremen und macht mit,
dort herrscht Stimmung Schritt um Schritt:
... denn in Bremen is »Freemaak«!

Wer auf Bratwurst ist versessen
oder möchte Mandeln essen,
wem es schmeckt am Fischbrotstand,
findet hier so allerhand:
... denn in Bremen is »Freemaak«!

Ob man alt, ob jung an Jahren,
darf man durch die Lüfte fahren,
sieht von oben bunte Welt,
und man tanzt im Bayernzelt:
... denn in Bremen is »Freemaak«!

Vati möcht 'ne Show besehen,
Mutti lieber bummeln gehen,
Oma kauft 'nen neuen Topf,
Pöks haut Lukas auf den Kopf:
... denn in Bremen is »Freemaak«!

Babs hat Blumen sich geschossen,
Eis mit Sahne dann genossen,
und für Opa, nur zum Scherz,
gibt's ein weiches Kuchenherz:
... denn in Bremen is »Freemaak«!

Zu der Zeit darf man es wagen,
manchmal dummes Zeug zu sagen,
Autofahrer geh'n zu Fuß,
weil man doch was trinken muss:
... denn in Bremen is »Freemaak«!

Alle Menschen wirken netter,
keinen stört das Nieselwetter,
vom Radau wird niemand krank,
und das sechzehn Tage lang:
... denn in Bremen is »Freemaak«!

Ist der Trubel dann vorüber,
gilt die alte Regel wieder:
Gegen Kälte, Nässe, Smog
hilft noch stets ein steifer Grog:
... denn in Bremen is »Freemaak«!

## Freimarkt-Gebimmel

Gebimmel, Gedudel, wohin man auch hört;
Gedränge, Geschiebe, das kaum einen stört;
das ist Bremer Freimarkt, wie könnt's anders sein:
»Komm näher, komm rüber, komm hier einmal rein!«

Gewimmel, Getümmel fällt nicht ins Gewicht;
Geniesel, Gewitter, das kümmert uns nicht.
Zum Freimarkt, da wird nur gelacht und geliebt,
weil's für einen Bremer kaum besseres gibt.

Geschmuse, Gekicher bei rasender Fahrt;
gewinnen, genießen auf vielerlei Art;
so ist es, so war es, man macht alles mit:
Der Freimarkt bringt Bremer auf Schwung und in Tritt.

Geschunkelt, gesungen, bis alles sich dreht;
gegessen, getrunken, bis gar nichts mehr geht.
Da gibt's keinen Zweifel, wer immer es sei:
So hält man in Bremen dem Freimarkt die Treu.

## Bremen best

Bremer Wetter kann nicht mögen jedermann,
doch am Bremer Nieselregen ist was dran …
Bremen binnen – Bremen buten, so ist's recht
und die Bremer Eigenarten sind nicht schlecht.

Bremer Zwieback, Bremer Klaben und Kaffee,
Bremer Kluten, Bremer Moppen, Bremer Tee;
zur Verdauung hinternach 'nen Eiswettkorn –
und weil's schmeckte, dann das ganze frisch von vorn.

Bremer Matjes, Kohl und Pinkel und »Bramsil«,
Pluckte Finken, Bremer Speckaal möglichst viel,
Bremer Knipp, Labskaus zum echten Bremer Bier
und weil's schmeckte, drum bekommt's, das wissen wir!

Bremens Roland schützt des Handels edlen Zweck,
Bremer Flagge ist bekannt als »Bremer Speck«,
Bremer Freimarkt ist die fünfte Jahreszeit
Bremer Schlüssel schafft uns Freunde weltenweit.

Bremer Jungen machen sicher nichts verkehrt,
Bremer Mädchen sind als Hausfrau sehr begehrt,
Bremer Bürgern macht man schwerlich etwas vor
»Bremen best«; so töne es als Bremer Chor.

## Die Sprache des Hafens

### *Hafenarbeit – früher und heute*

Der »guten alten Zeit« nachzutrauern, dafür hat man im Hafen absolut keine Zeit. Sich aber an alte Zeiten zu erinnern, das hat etwas mit Traditionsbewusstsein zu tun. Und an Bord und im Hafen wird Tradition gepflegt, zumindest im Erhalt gewisser Gebräuche. Ansonsten ist Hafenarbeit pulsierendes Geschehen, ist aktives Leben. Da hat man sich, wenn man bestehen will, jeglicher technischer Weiterentwicklung immer schnell anzupassen, da muss man beweglich sein. Auch wenn man einmal besinnlich zurückblickt, muss das Augenmerk sogleich wieder voll voraus gerichtet sein, damit man klar erkennt, »wo es lang geht«.

Die Gezeiten der Schifffahrt wirken sich immer voll auf das Hafengeschehen aus. Die Geschehnisse des Hafens sind das lebendige Abbild der dort ansässigen Firmen – und der in den Hafenbetrieben und in der Hafenbetriebsamkeit tätigen Menschen.

Und was gehört untrennbar dazu?

Die kleinen »Stories« und »Döntjes«, die Sprache des Hafens, der »Klönschnack bei Anbiet« und der wortreiche Disput.

Früher klang das alles »auf platt« sehr viel menschlicher. Dabei wurden selbst gelegentliche Unfreundlichkeiten nicht tierisch ernst genommen. – Heute auf »neuhochdeutsch« kann man sich auch dort ohne fremdsprachliche Begriffe oder neue Wortschöpfungen kaum noch verständigen. Statt des einfachen Zurufes von Mann zu Mann, wobei man sich gern einmal eines derben Ausdrucks bediente, spricht man heute – per Distanz – über »walky-talky« miteinander.

Früher hieß das einfach: »Komm, fot mol mit an!« oder »Hein, mok du dat man!« – Heute geht das alles nicht mehr ohne eine vorgeplante Distribution und ein geschultes Management. Nur eines bleibt stets das gleiche: Die Ware muss fix an Bord, muss fachkundig behandelt werden und soll sicher gestaut sein. Daran hat sich aber auch gar nichts geändert. Nur eines: das Tempo!

Und das Routinegeschick, das ein Oberstauer früher »im kleinen Finger haben musste«, das wird heutzutage durch das allumfassende »preplanning« ersetzt. Man weiß genau, wann – weshalb und wo. Nur das »wie« muss der, welcher nachher die Arbeit zu machen hat, eben selbst ganz genau wissen. Ohne die befähigten Mitarbeiter und ohne deren Einsatzwillen geht es auch heute nicht.

Zu Großvaters Zeiten war das Fahrrad schon eine beträchtliche Verbesserung. Heute muss alles per Auto geschehen, denn die Wege sind weiter, und der Zeitdruck ist größer geworden. Aber es müsste doch einmal ganz amüsant aussehen, wenn z.B. ein Inspektor zusammen mit seinem Dampfervormann per Tandem angefahren käme! – Das Niederdeutsche Theater in Bremen hat sich vor Jahren sogar ein langes Gruppenfahrrad gebaut. Mit dem könnte man gleich zwei Gänge auf einmal heranfahren. (Welche Aussicht für pünktlichen Beginn!?) Und man würde im gleichen Schlag auch das Problem der stetig steigenden Spritkosten lösen. Auf alten Fotos sieht man, wie damals vor 50, 60 und noch mehr Jahren das Geschirr per Handwagen zum Schiff gebracht wurde. Später machte man es per Pferdefuhrwerk, und heute benötigt man dafür schon einen schweren Lkw. So wie damals: »Hein, schuuw du man de Karr, du hest all nen krummen Puckel!«, so gilt das heute nicht mehr. Heute wird gefahren. – Dafür muss der Heini dann aber aufpassen, dass er seinen eigenen Führerschein nicht verliert, bloß weil sich vielleicht ein freundlicher Ladungsoffizier mit ein paar Flaschen Bier für gute Arbeit bedankt hatte – und man das doch wahrlich nicht ablehnen konnte, ohne unhöflich zu wirken.

Die gute alte Sackkarre oder Steckkarre hat inzwischen ausgedient und der E-Karren auch. Um die kleinste Kiste zu bewegen, muss zumindest eine »Ameise« her, wenn nicht gleich ein Gabelstapler angefordert werden soll. Der hat aber dann den großen Vorteil, dass die Kiste auch noch angehoben und weggestaut wird. Den Dieselmief im Laderaum nimmt man für die Arbeitserleichterung gern in Kauf. – Energiesparen als eigene Muskelschonung bewirkt aber auf die Dauer wohl eher eine Kraftminderung, und man kann mangels Übung nicht mehr als »Muskel-Kalli« auftreten. Dennoch werden auch heute noch Spitznamen vergeben, die zwar gleichermaßen deutlich sind, aber die alte Urtümlichkeit vermissen lassen.

So soll hier nicht »aus der Schule geplaudert« werden, obwohl es sogar in Bremen eine Hafenfachschule gibt. Dort lernt man alles über die Arbeit im Hafen. Nur »Hafenplatt«, das wird nicht gelehrt.

Entweder man kann das, oder es wird einem auf deutliche Weise beigebracht, wie ein Beispiel (aus einer anderen Firma) zeigt. So erzählt ein »Boss« gern von seinem ersten »Bord-Auftritt« und erinnert sich mit besonderem Spaß:

Man hatte ihn losgeschickt, um die Schichtzettel abzuholen, denn damals wurden die »Ständig Unständigen«, also die vom GBH kommenden Aushilfsarbeiter, noch täglich bar abgerechnet, und die Schichtzettel mussten deshalb sehr schnell bearbeitet werden. Um nun ganz genau vorzugehen, sah sich also der neue Lohnschreiber veranlasst, auch die Leuteanzahl nachzuzählen. Und siehe da: einer zu wenig, obwohl sich die Kräne drehten und die Schicht noch lange nicht zu Ende war. Seine Frage nach dessen Verbleib »stieß etwas sauer auf«. Sie wurde dennoch klar beantwortet, war hafenmäßig plastisch und lautete in der erteilten Auskunft nur für ihn allein unverständlich: »De is ut de Büx!« – Zweimal, dreimal nachgefragt, es kam immer die gleiche Antwort. Alles rundum griente und gnickerte, und der arme Schreiberling fühlte sich doch »arg verdummbeutelt«. Schließlich brachte die drastische Erklärung: »Der ist nur zum Scheißen weg!« die erleichternde Erkenntnis. (Bei nachfolgenden Bordbesuchen hat er jedenfalls vorsichtiger nachgebohrt, wenn er was nicht verstanden hatte.)

So, wie man einander mit besonderen Namen belegt, erhalten auch Tätigkeiten oder Arbeitsgeräte ihre eigenwilligen Hafenbezeichnungen. Wenn z.B. »Grabbeleisen« zu löschen ist, weiß hier ein jeder, dass er sich dabei verdammt viel bücken muss, um die Roheisenbrocken »aufzugrabbeln« und in den »Tub« (die Landeschale) zu packen.

Genau so weiß jedermann im Hafen, was eine »Giraffe« ist. – Eigentlich klar, wo doch der ganze Hafen so etwas wie ein großer Zirkus ist mit vielen Artisten, Clowns und Akrobaten. Dieser Riesenportalkranhubwagen – eben »Giraffe« – ist schon ein beeindruckendes Fahrzeug. Dass man aber eine besondere Ausbildung benötigt und einen speziellen Schein haben muss, um dieses Großvieh besteigen und in Gang (inne Gänge) setzen zu dürfen, wie soll man das einem »Quiddje« bloß klar machen? Mit dem Kranführerschein ist es doch einfacher, denn damit hat es in Bremen doch jemand wirklich einmal bis zum Senator gebracht.

Doch für die akademische Studie der Hafenarbeit bürgt die Bremer Uni, und sie wird gern beweisen, wie gefährlich der Hafenarbeiter eigentlich lebt, d.h. arbeitet. Aber das muss wohl mehr an den bei den Studiergängen zu überwindenden »Gefahren der Küste« liegen. Überhaupt sind Sicherheitsfragen heute sehr bedeutungsvolle Themen.

Ja, Sicherheit: Einfach auf der Deckslast herumturnen und »wie ein Tanzbär herumhopsen«, das »ist nicht«. – Nein, es heißt (mit Recht) erst einmal: Sicherheitsgurt anlegen und die eigene Birne mit einem Helm schützen! Das wird manchmal erst nachher eingesehen, wenn es so richtig weh getan hat. Da soll z.B. in einem Unfallbericht zu lesen gewesen sein: »Kopfplatzwunde, aber sonst keine edlen Teile verletzt!«

Früher sprach man bei der Ladung von »Kisten und Kasten«, von Trommeln und Fässern, Beuteln und Säcken, Rollen und Rohren, Stäben und Stangen, Bündeln und Paketen. Alles das war eben »Stückgut«. Da wusste ein guter Stauer aus jahrelanger Erfahrung, was in dem einzelnen Packstück darinnen war. Und heute, da steht allenfalls auf dem Absetzschein mit Ladungsart und Gefahren-Code, worauf er zu achten hat. Die Ware wird eingeschweißt oder zu größeren Einheiten gebündelt usw. Schließlich entzieht sie sich im Container oder in der Barge vollends dem sachverständigen Blick. Der Umschlag wird so zum »Tonnenmachen«. Und in der Hafenstatistik möchte mancher (Politiker) gern tonnenschwere Zahlen vorweisen.

Wer kennt denn noch das »Apfelsinentau« aus unserer Kindheit? Das war eine aus Palmfaser geschlagene Schnur um die aus Spanien kommenden Apfelsinenkisten. Die war bei uns Kindern sehr beliebt zum Tauspringen quer über die Straße und wurde besonders dringend beim Indianerspielen gebraucht. – Heute sind Apfelsinen auch schon Containerladung mit vorgepackten Kilonetzbeuteln.

Alles ist anders geworden: das Stauereigeschirr, die Arbeitsgeräte, die Winscharbeit und die Ladungsbefestigung, um nur ein paar Bereiche zu nennen. Als Jungen konnten wir stundenlang zusehen, wenn Kisten über Förderbänder oder Rollenbahnen in die Luke gegeben wurden oder wenn die Säcke über die spindelförmige Sackrutsche in den Raum sausten. – Heutzutage schaut man noch gerade eben interessiert hin, wenn ein großformatiger und schwergewichtiger »Dobbass« mit »zwei Kränen abgesetzt« wird, sofern man ihn nicht über die Heckrampe einfach ins Schiff hineinrollt. Dafür heißen die Ro-Ro-Schiffe (rolling on – rolling off) im Hafenjargon überall nur »Rock-and-Roll-Dampfer«. So hat sich vieles gewandelt.

Aber eines ist geblieben und wird weiter bestehen: die besondere Atmosphäre des Hafens und die von uns allen nicht eingestandene Liebe zu ihm, von der man nicht loskommt. Man sagt hier aus voller Überzeugung: »… man trifft sich im Leben immer zweimal!« – Das ist sowohl ein Versprechen, als dass es auch eine Mahnung sein kann, je nachdem wie man auseinandergeht.

Doch wie schnellebig die Zeit ist, das hat mir ein alter Hafenarbeiter gesagt, als er nach nur zehn Jahren Rentnerdasein wieder seine früheren Kollegen und seine alte Arbeitsstätte hatte besuchen wollen. Fast hätte er gar nicht bis dort hin gefunden. Er kannte sich einfach nicht mehr aus »vor lauter neumodischem Kram«, und er meinte nur: »… dass ihr da noch durchfindet?!«

Ja, so fix sind wir hier im Hafen.

Wir lieben zwar Großvaters goldene Uhr, doch wir leben mit der Stoppuhr; und wir bemühen uns, weiterhin zu beweisen, dass »Bremen ein schneller Hafen« ist.

Die kurze Rangierpause zwischen zwei Schichten lässt gerade eben soviel Zeit, diese rückblickende Betrachtung anzustellen, denn für den »Damper dor buten« ist schon wieder Ausarbeiten und »Fertigmachen bestellt«. –

Also los denn …

## Klabautermann, sieh mich mal an …

Nachdem im Radio der Kehrreim verklungen ist:

»Du spinnst doch wieder Seemannsgarn,
da ist nichts Wahres dran.
Wer andern solche Märchen erzählt,
den holt der Klabautermann!«

fragt einer aus der Tischrunde: »Und wer hat den schon einmal gesehen.

Ja, wer ist das eigentlich, der Klabautermann? Ist das ein Mann? Ein Männlein? Eine Fantasiegestalt? – Ein Kobold soll es sein, so steht es in klugen Büchern. Und das wäre dann ein Hausgeist: zwergenhaft klein, meistens hässlich; bald helfend und bald strafend.

Sein Name kommt vom seemännischen »kalfatern«. Das ist das Dichten der Nähte zwischen den einzelnen Planken eines Holzschiffes mit Werg und Pech. Damit ist denn auch schon gleich gesagt, wo sein Platz ist: ein – zumeist unsichtbarer – Bordgenosse, dem insbesondere früher auf den hölzernen Segelschiffen eine wichtige Bedeutung zugesprochen wurde. Eigentlich ist er zunächst ein Erd- und Landgeist gewesen, der in einem Baum wohnte. Als dann dieser Baum in ein Schiff als Steven eingebaut wurde, ist er mit an Bord gekommen und geblieben. Wenn auch mancher Seemann glaubt, ihn zuweilen beim Meeresleuchten auf einer Rahe sitzend gesehen zu haben, weiß dennoch keiner ganz genau, wie er wirklich aussieht. Doch aus der Vorstellung der Fahrensmänner ist er seither nicht mehr wegzudenken.

Sie sind sicher, dass er ein guter Poltergeist und Schiffskobold ist, der allerhand Dienste leistet. Wenn auch nicht sichtbar, ist er aber durch Geräusche vernehmlich. Er wohnt irgendwo da vorn, »vor dem Mast« tief unter Deck. Wohlwollend ist er und hilfreich, aber auch zu allerlei Schabernack aufgelegt. Nur eines darf ein wahrer Jantje nicht, nämlich an seiner Existenz zweifeln oder gar über ihn lachen. Wer das versuchen sollte, dem spielt er unweigerlich einen persönlichen Streich. Ansonsten ist der Klabautermann der gute Geist an Bord und der Beschützer des Schiffes und seiner Männer.

Konnte man früher an seinem Klopfen den Zustand des hölzernen Schiffsrumpfes erkennen, galt sein Klopfen zugleich auch als Mahnung zur Ausbesserung der hölzernen Schiffswände, denn von Holz verstand er eben doch sehr viel. Nur wenn es unheilmäßig kritisch wurde, soll er das Schiff verlassen haben, sobald dem Fahrzeug unwiderbringliches Unheil drohte. Doch tat er das niemals ohne vorherige Ankündigung, weil er bei aufziehender Gefahr eindringlich an die Schiffswand hämmerte, um den bevorstehenden Schiffsuntergang anzuzeigen. Alten Fahrensgeschichten zufolge soll er das sogar schon vor dem Auslaufen getan haben – nur hat mancher zu selbstsichere Kapitän sich nicht darum gekümmert.

Klabautermann soll aber auch von »Klabüstermann« herkommen, also auf eine polternde, neckende Gestalt verweisen, die – weil sie allerhand Schabernack treibt – oft als Ausrede für unerklärliche Vorgänge auf einem Schiff herhalten muss. Was für die Leute an Deck der Klabautermann ist, das ist im modernen Maschinenbetrieb an Bord der »Mac trouble«, den man auch nie zu fassen bekommt, aber der ihnen immer die Mechaniken verstellt und allerlei Defekte verursacht, für die man keine Erklärung weiß oder wozu einem keine Ausrede mehr einfallen will. – Auch der Engländer kennt ihn und nennt ihn »hobgoblin« oder auch »bogy man« oder »bogeyman«. Das bedeutet ebenso Geist, Dämon oder auch nur empfindsame Erscheinung.

Mancherlei Geschichten sind über den Klabautermann geschrieben und erzählt worden. Eine besonders schöne kleine Sammlung hat der Mecklenburger Schriftsteller Richard Wossidlo in seinem Büchlein »Reise, Quartier, in Gottesnaam« zusammengetragen (erschienen im Hinstorff Verlag, Rostock 1969, »Hinstorff Bökeri 10«).

Doch auch in manch anderer Fahrenserzählung wird von ihm berichtet. Die moderne Seefahrt ist zwar durch die Technisierung weitaus nüchterner und unromantischer geworden. Aber dass er daraus ganz verschwunden sein soll, daran möchte ich doch gewisse Zweifel anmelden. Vielleicht ist er nur auf andere Bereiche umgestiegen, wie: »An Bord spukt der Klabautermann, zu Haus macht Opa das; weil Oma das nicht leiden kann, macht's Kindern doppelt Spaß.«

## Frage und Antwort: »Auf jedem Schiff ...«

Auf Schiffen mit viel Passagieren
kann man den Käppen nicht verführen,
auch wenn man ihn mit Fragen quält,
bis dass er Seemannsgarn erzählt.

Auf jedem Schiff, das dampft und segelt,
ist einer da, der alles regelt.
Der Käppen spricht mit klarem Ton:
Lass man, mein Jung, ich mach das schon!

Auf jedem Schiff, das schwimmt und schwabbelt,
ist einer da, der immer sabbelt.
Der Käppen nimmt das mit Humor:
Das kommt auf See recht häufig vor!

Auf jedem Schiff, das stampft und wackelt,
ist einer da, der böse quackelt.
Der Käppen greift sich still ans Kinn:
Dat schad't di nix, so haut das hin!

Auf jedem Schiff, das Stürme reitet,
ist einer da, dem's Spaß bereitet.
Der Käppen streichelt sich durchs Haar:
Die Seefahrt ist doch sonderbar!

Auf jedem Schiff, das dröhnt und zittert,
ist einer da, den das verbittert.
Der Käppen zeigt sich reichlich stur:
Die Seefahrt ist ja auch Natur!

Auf jedem Schiff, wo Sturzseen tropfen,
ist einer da zum Sprüche klopfen.
Der Käppen sagt voll Heiterkeit:
Schiffszwieback hilft bei Seekrankheit!

Auf jedem Schiff, das rollt und krängelt,
ist einer da, der immer drängelt.
Der Käppen murmelt in den Bart:
Das ist so mancher Leute Art!

Auf jedem Schiff, das klopft und schlingert,
ist einer da, der Freud verringert.
Der Käppen spricht mit leichtem Grimm:
Das war doch heute gar nicht schlimm!

Auf jedem Schiff, das Gäste klippert,
ist einer da, der ängstlich bibbert.
Der Käppen zieht die Stirne kraus:
Vorbeugen hilft – ganz weit voraus!

Auf jedem Schiff beim Flagge hissen
ist einer da zum besser wissen.
Der Käppen ist vor Staunen stumm:
Die Frage war doch gar zu dumm!

Auf jedem Schiff mit Stück und Protzen
ist einer da, der ist zum Kotzen.
Der Käppen laut verkünden lässt:
Am Seemannsgarn halt dich man fest!

Auf jedem Schiff, das Wellen schneidet,
ist einer, der die Lust uns neidet.
Der Käppen zeigt stets viel Geduld:
Wer mitfährt, der ist selber schuld!

Oh, Seefahrt, wie bist du so schön …

## Shipping

»Shipping« ist ein seltsam Spiel,
lebhaft und voll Unbekannten:
Und weil stets es gut gefiel –
grade bei den Varianten –,
ist man dem Beruf verloren.

Würde man noch mal geboren,
würd' das alte Spiel erneut
mitgemacht im bunten Drehen.
»Shipping« heißt: die Welt ist weit;
vieles gibt's, das wert zu sehen!

## Essen und Trinken: »Lat di man smecken!«

*Eeten mokt Spoß – mutt bloots noog sien!*
*Suupen mokt ok Spoß – mutt bloots fix gahn!*

In Bremen ist alles anders, meinen die Nichtbremer. In Bremen ist alles nur ein büschen anners, sagen die Bremer. Hat aber mit Politik rein gar nichts zu tun, denn die ist hier nicht nur etwas anders, sondern die ist sogar völlig anders als annerwegens (anderenorts). Die kapieren wir selbst nicht.

*Aber auch sonst*

Das ist schon so mit der jahreszeitlichen Reihenfolge. Bremen hat nicht nur vier Jahreszeiten, sondern deren fünf: Zwischen Herbst und Winter findet der Bremer Freimarkt (»Ischa Freimaak!« statt, und das ist des Bremers fünfte Jahreszeit. Ist so, wie im Rheinland und in Westdeutschland der Karneval die erste fröhliche Jahreszeit darstellt.

Damit liegt auch schon die jahreszeitliche Reihenfolge des Küchenfahrplans fest: Nach dem ganz einfachen Rezept »Gut, **aber** viel und deftig, der Zeit entsprechend **und** kräftig« kann man den Geschmack des Bremers und Mutters Küchenfahrplan sehr gut am Kalender verfolgen. Das gibt einen immerwährenden Kalender mit höchstens wetterbedingten Abweichungen.

Über den Geschmack braucht man mit einem Bremer schon gar nicht zu streiten, denn der Geschmack ist einfach und eindeutig: »vom Guten das Beste!«

Saisonauftakt für das Bremer Nationalgericht ist im Herbst:

Im November hat der Kohl schon den ersten Frost über sich ergehen lassen. Man ist dann »so richtig jieperig« auf »BRAUNKOHL UND PINKEL«. So recht vollkommen mit schwerwiegenden

Zutaten wie plattenweise aufgetischten frischen und geräucherten Bauchspeck. (Wegen des rotweiß gestreiften Specks nennt der Bremer seine Flagge auch die »Speckflagge«). Dazu Unmengen von Kassler und Kochwurst. Ganz perfekt wird das Gericht aber erst durch Pinkel. Und die muss hausgemacht sein, wofür jede Bremer Hausfrau ihr Geheimrezept hat, das sie nicht einmal der besten Freundin verraten würde, aber das sie selbstverständlich an Tochter und Schwiegertochter weitergibt. Traditioneller häuslicher Auftakt dafür ist der Buß- und Bettag. Was kann man in der trüben Novemberzeit sonst besser tun als eben gut essen? –

Spätestens im Januar unternimmt man als »Ganztags-Programm« die Kohl- und Pinkelfahrten. Zumeist »unter sich«. Es soll aber auch vorkommen, dass Männlein und Weiblein ganz getrennt voneinander in unterschiedlichen Vereinsverbänden oder Freundeskreisen losziehen, wobei der Zielort bis nach dem Start geheimgehalten wird. Und, oh Wunder! Am Ziel trifft man sicherlich auf eine Gruppe des jeweils anderen Geschlechtes. Würde ja auch zu blöd aussehen, wenn Männer nur allein miteinander tanzen müssten.

Die größte Verantwortung liegt bei dem jeweiligen Festausschuss. Er muss das Ziel aussuchen, dort eine Zeit vorher »vorkosten«. Er muss die Wanderstrecke festlegen, für die notwendigen Überraschungen und »Schluckstationen« sorgen. Und schließlich muss er durch geschickte Regie sicherstellen, dass alle rechtzeitig in der ersehnten Kohl-Kneipe eintreffen, wo dann tatsächlich pünktlich serviert wird. Zur Ausschmückung der Wandergruppe gehören das Kohlblatt am Hut, das Schnapsglas »am Band« um den Hals (kann notfalls auch ein Eierbecher sein) – und eine auf die Teilnehmerzahl wohl abgestimmte Menge Flaschen klaren Schnapses, der bei dieser Witterung von selbst kalt genug ist. Wichtig: »Trink nur klare Schnäpse, dann merkt die Leber nichts!«

Bei Tisch sind dann die Begeisterungswellen nicht zu dämpfen. Der Wettstreit liegt im Viel-Essen. Und dazwischen gilt: »Zwischen Leber und Milz passt immer noch ein Pils!« Denn man weiß doch: »Ein Helles ist auch was Reelles!«

Der jeweils jährlich neu zu kürende Kohl-König kann nur der mit der größten »Futterleistung« sein. Mit schlechtem Gebiss ausgestattete Langsam-Esser fungieren dabei außer Konkurrenz. Darum hat die Jury die besonders schwere Aufgabe, den Würdigsten »ausgucken« zu müssen. Man kann z.B. bei anwesenden Politikern den auszeichnen, der immer »ich würde sagen …« von sich gibt, als Zeichen seiner besonderen Würde. Die Würde kann aber auch ganz zielgerichtet verliehen werden, so z.B. nach der Gewichtigkeit der Brieftasche, damit die Kette der »garnierten Runden« (Bier und Schnaps) nicht abreißt. Aber auch mancher sonst so würdevolle Boss fühlt sich bei solcher Gelegenheit durch den ihm verliehenen Kohlorden besonders geehrt. – Darum immer daran denken:

»To'n brunen Kohl hört Pinkel un Speck, hört Spoß un Malligkeit!« Somit erübrigt es sich wohl, den weiteren Verlauf einer solchen winterlichen Schwerarbeit zu beschreiben. Die Höhepunkte ergeben sich dabei ganz von selbst.

Im Rückblick heißt es dann: »Eet Pinkel un Kohl, denn sitt de Rock di wohl!«

Die Waage im Badezimmer zu Hause ist offenbar reparaturbedürftig. Die spielt doch verrückt und zeigt völlig verkehrt an! Wird deine Frau bestätigen, wenn sie selbst auch auf Kohlfahrt gewesen ist.

### *Was ist aber nun GRÜNKOHL oder BRAUNKOHL?*

Kohl ist Kohl – könnte man meinen (nicht: Kohl macht Kohl). Das stand doch schon in unserem Kinder-Bilderbuch:

»Der Hasen-Hans, der weiß es wohl: am allerbesten schmeckt der Kohl!« Aber beim Grünkohl gibt es feine sachliche und fachliche Unterschiede, zumindest zwischen Bremen und Oldenburg. Nur die Bezeichnung »Oldenburger Palme« gilt überall in Norddeutschland (ebenso wie »Oldenburger Ananas« für Steckrüben).

Der Bremer benennt sein winterliches Nationalgericht »Braunkohl«. Dieser muss wenigstens einmal »am Stengel« Frost mitgemacht haben, bevor er überhaupt geerntet werden darf. Fertig gekocht, hat er eine etwas dunklere Farbe als der beizeiten geschnittene »Grünkohl«. Der früher übliche hochstengelige Strunkkohl wird hier schon »seit Dschjahrenden« nicht mehr angebaut, vielleicht noch in südlicheren Gefilden als Futterkohl. Heute bevorzugt man die so genannten »Lerchenzungen«. Diese Kohlsorte zeichnet sich durch feinkrause und schlanke Blätter aus.

Die regionalen Unterschiede liegen in der Zubereitung und in der Sortierung der fleischlichen Beilagen. Aber die Hauptsache ist und bleibt immer der schon optische Genuss der übervollen Fleischplatten. Mit dem Stichwort »… satt« wird solange aufgetragen, bis auch der größte Fresser nicht mehr zulangt. Wehe dem Wirt, der das nicht täte und nur abgezählte Mengen auf die Platten legt. Er würde im nächsten Jahr keine Kohlfahrt bei sich sehen.

Die weiterhin noch erwähnenswerte Eigenart dieser Mahlzeit ist der Ausstrahlungseffekt auf Andersgläubige. Wer einmal so richtig davon gekostet und diese besondere Essensatmosphäre miterlebt hat, der wird anderenorts genauso davon schwärmen und bei winterlichen Besuchen in Bremen nach solchen Gaststätten Ausschau halten, in denen gerade Braunkohl und Pinkel angeboten wird. – Der gute Ruf dieses Essens reicht bis weit in die Politik und Gesellschaft hinein. An den Bremer Brudermahlen, der »Schaffermahlzeit« des Hauses Seefahrt und bei der »Eiswette«, teilzunehmen ist eine Auszeichnung und besondere Ehre. Und was gehört dazu? Braunkohl und Pinkel, und dann auf besonders festliche Weise zelebriert.

Schließlich könnte man noch die Frage stellen, wie man solche und andere deftige norddeutsche Kost gut verträgt. Ganz einfach: Zur Verdauung einen oder am besten mehrere »Akkervits« oder »steife« Grogs (so'n beeten recht nördlich) dagegen setzen. Damit übersteht man dann auch die anderen Jahreszeiten, bis man sich im nächsten Winter zu neuen Kohlfahrten trifft.

Darum: »Lat di man smecken!«

## Na, denn lang man zu!

Zieh an die Winterwandersocken,
und lass dich mal zur Kohlfahrt locken.
Das ist ein guter Bremer Brauch,
gut fürs Gemüt – und für den Bauch.

Mit Bier vom Fass, dann ist es richtig
– beim großen Durst ist das sehr wichtig
dazu kommt noch viel kurzer Schluck;
dann ist's 'ne Kohlfahrt »mit Gluck – Gluck!«

Nur Kohl allein würd keinem schmecken,
doch wird man sich die Finger lecken,
wenn man die Fleischesplatten sieht,
ein würz'ger Duft den Saal durchzieht.

Da muss man wirklich viel verzehren
und darf den Nachschlag nicht verwehren;
es gibt 'nen Magenschnaps zum Trost.
Man trägt's geduldig »mit viel PROST!«

Solch Essenstag in froher Runde
bringt »Fleischeslust« – und viele Pfunde –;
wie kriegt man die nur wieder weg,
die Kalorien vom Schweinespeck?

Wenn man sich flott die Zeit vertrieben
mit Tanzen und mit Kegel schieben
und macht mal kräftig einen drauf,
dann geht das Herz so richtig auf.

Ein rechter Bremer kann's nicht lassen,
er würde sonst auch was verpassen.
Braunkohl ist unser Winterspaß:
So nun mal ran – und »hoch das Glas!«

## Was ’n Bremer so isst – Bremer Spezialitäten-Karte

*Wat’t öwerall gifft,*
*dat brukt wi nich to nennen*
*owers deftig Bremer Eten,*
*dat mutt een doch kennen!*

Man hat hier gern ’nen »vollen Schlag«
– nicht nur »so’n büschen« auf dem Teller!
Drum fragt mal rum, was man so mag,
was man so find’t in Küch’ und Keller.

Es heißt zwar leicht, man äße nicht,
was man nicht kennt und nicht erprobte;
drum greift man gern zum Leibgericht,
wie man es schon bei Muttern lobte.

Das braucht kein Festbankett zu sein,
die »Hausmannskost« ist viel beliebter.
So wie sie’s machte, war’s doch fein,
so schafft’s als Koch nur ein geübter.

Und wer ’s nicht weiß, wie das so geht
und wie sich die Gerichte nennen,
der merke auf, dass er’s versteht,
denn Kochkunst kommt doch auch vom Können:

Als bunter Eintopf sind bekannt
und hochgeschätzt die »PLUCKTEN FINKEN«;
und kommt der Frühling erst ins Land,
dann speist man SPARGEL gern MIT SCHINKEN.

Die BROTSUPPE als einfach Mahl,
SNUTEN UN POTEN MIT ARFKENZOPPEN
stehn zwar zurück vorm RÄUCHERAAL,
ersatzweise tun es auch SPROTTEN.

Nach Seemannsart ist der LABSKAUS
MIT GURKEN, HERING, SPIEGELEIERN
ein Festgericht nicht nur zu Haus;
man könnt's mit KNIPP fast auch so feiern.

Man wartet bei dem ersten Frost
auf BRAUNKOHL – echt – MIT WURST UND PINKEL
und holt 'ne BRATWURST sich VOM ROST,
wenn man sich trollt zum Heimatwinkel.

Wenn einer auf die Pauke haut,
gibt's HERING, STIPP UND PELLKARTOFFELN;
auch EISBEIN tut's MIT SAUERKRAUT.
Man fühlt sich wohl, auch in Pantoffeln.

Die Müdigkeit wird fortgescheucht
mit BREMER KAFFEE, süß und sahnig;
'ne »LÜTTJE LAGE« mancher braucht,
bevor er heimwankt, EISWETT-fahnig.

Der Fachmann sagt zu KÖHM UN BEER
am liebsten meist: »GARNIERTE RUNDE«;
den BREMER KLABEN schätzt man sehr
nicht nur zur kleinen Kaffeestunde.

LAMMFLEISCH MIT KOHL gibt's vielerwärts,
wird hier als »IRISH STEW« gegessen;
und manches echte Bremer Herz
ist auf GEBRAT'NE STINT versessen.

Man fasst ihn auch mit BRATAAL »SATT«
und FRISCHGEBRAT'NEM GRÜNEN HERING.
Bei HERINGS- und bei FLEISCHSALAT
schmeckt REMMER-BIER auch schon dem Lehrling.

Und wie man sich die Lippen leckt,
gibt's WELLFLEISCH, frisch, MIT SCHNIPPELBOHNEN!

Doch BOHNEN auch MIT BIRN'N UND SPECK
lässt Gartenarbeit gut entlohnen.

Frikassee ist ein vornehm Wort,
hier heißt das BREMER KÜKENRAGOUT;
zu »Freemaak« speist man wie ein Lord
VICTORIAS MIT SCHLAGSAHNE dazu.

GEKOCHTE METTWURST, dick und warm,
mag jeder gern, auch mancher Kläffer
lechzt noch danach; und Jägers Schwarm
ist heiß servierter HASENPFEFFER.

Vergaß ich hier auch manch Gericht,
und sollte einer danach suchen,
veracht' er DICKEN MILCHREIS nicht
und probe BURGER WICKELKUCHEN.

Damit auch alles richtig rutscht
und man bei Trübsinn nicht verharre,
hilft's, wenn man BREMER KLUTEN lutscht
und BABBELER, »BRAMSIL« -ZIGARRE.

Streckt er sich schließlich räkelnd aus,
mag's mit BORDEAUX, BURGUND begießen,
dann schätzt er unsern Bremer Schmaus
– und leidet nicht an kalten Füßen.

Wer das nicht kennt, nehm sich ein Herz
– beim Essen wird er sicher munter –
und futtere mal so zum Scherz
die ganze Karte rauf und runter.

Dann hat er Bremer Art im Bauch,
hat dem Gemüt auch was geboten;
zufrieden ist er zudem auch,
denn solch Genuss ist nicht verboten!

# Damals

*Namensgebungen und Namensdeutungen*

Alte Flurnamen und frühere Ortsbezeichnungen würden, weil sich das Stadtbild und das Ortsgefüge im Laufe der Jahrhunderte doch erheblich wandeln, sehr leicht der Vergessenheit anheimfallen, wenn man sie nicht in Straßenbenennungen weiter erhielte. Doch man geht solange achtlos daran vorbei, bis einmal der eigene Sohn oder ein wissbegieriger auswärtiger Besucher bei einem Spaziergang danach fragt. Dann zeigt sich, ob man selbst in der bremischen Geschichte einigermaßen bewandert ist. Nur »kann ein'n bannig inne Kniep kommen«, wenn er die rechte Antwort nicht weiß und sich vor lauter Verlegenheit den Kopf kratzen muss.

Inzwischen wird solche Namens-Tradition sogar wieder gepflegt, und man geht vielerorts – auch in Bremen – dazu über, bei der Neubenennung von Straßen und Plätzen auf historische Begriffe zurückzugreifen, wenn nicht gerade der Name eines Politikers auf solche Weise verewigt werden muss.

Die Altstadt Bremens wird von einem Grüngürtel umfasst, den einstmals kluge Bremer auf den alten Befestigungsanlagen gestalteten und damit dem Stadtkern ein besonderes Gepräge gaben. Nach diesem Vorbild hat man später etwas Gleichwertiges auch auf den Neustädter Wallanlagen getan, so dass sich dadurch ein großes Grünoval ergibt, das vom Weserstrom durchschnitten wird. An die alten Funktionen erinnern noch heute die Namen von Stadttoren (Stadtteilen) und von Stadtmauerpforten:

*Stephanitor*
führte aus der sog. Steffensstadt, der westlichen Altstadt, zum Stephanitorsbollwerk unterhalb der Stephanibastion, nahe dabei stand der Stephanitors-Zwinger.

*Doventor*
heißt eigentlich »Taubes Tor«, weil es ein Stadtausgang ohne eine weiterführende Heerstraße war.

*Abbentor*
eigentlich Abbentorspforte, »Porta Abonis«, war nur eine kleine Pforte zwischen Doventor und Ansgaritor und soll nach Abbo, einem dort ansässigen Grundbesitzer, benannt worden sein.

*Ansgaritor*
nach St. Anschar / St.-Ansgarii-Kirche benannt, nach dem »Apostel des Nordens« Erzbischof Ansgar (801–865).

*Herdentor*
hieß auch Porta Gregum (Herdentor)
Porta Pastoris (Hirtentor)
Porta Porcorum (Schweinetor)
als Tor zur Bürgerweide hin. Die moderne Bronze-Skulpturengruppe in der Sögestraße erinnert augenfällig daran.

*Bischofstor*
richtiger Bischofsnadel, war angeblich nur dem Bischof vorbehalten. Nadel heißt enger Durchlass, ist hier also als Pforte zu verstehen. Im Altertum und Mittelalter verstand man darunter die kleine Nebenpforte neben einem Haupttor zur Einzelöffnung nach Toresschluss. Aus dieser Bedeutung erklärt sich auch der Sinn des Sprichwortes, dass ein Kamel nicht durch ein Nadelöhr passt.

*Ostertor*
als ostwärtiger Stadtausgang wird 1267 erwähnt, es war verziert mit Torturm und Staffelgiebel; und ganz in der Nähe stand der Ostertor-Zwinger.

*Steintor*
ist eigentlich ein Übersetzungsfehler, denn gemeint ist »torn«, weil es sich um den Steinturm am Dobben handelte.

*Brückentor*
am Ende der Wachtstraße zur Weser hin, ist beim späteren Brückenneubau im 19. Jahrhundert abgetragen worden.

*Franzosentor*
am Vorwerk Wolfskuhle war ein schmiedeeisernes Tor, in das erbeutete Gewehrläufe eingearbeitet worden waren und das daher seinen Namen erhielt. Es hat in Teilstücken beim alten Focke-Museum Wiederverwendung gefunden.

*Buntentor*
hieß ursprünglich Sudertor und war das Tor neben der »Bonte Brücke« = Bonte Brücken Thor, erbaut 1730. Vor dem Tor wohnten die Zigarrenmacher, die »Gelbeen« genannt wurden und denen man nachsagte, »dat se Feddern an de Been hebbt«.

*Hohentor*
das »Hohe Tor«, 1630 erbaut, hieß zuvor Westerthor. Die daraus stammende Justitia-Figur ist noch erhalten und steht seit 1973 in den Neustädter Wallanlagen.

Zur herkömmlichen Vorstellung von Stadttoren gehört auch das Vorhandensein von Torhäusern. Darüber kann in dieser Betrachtung ebenfalls einiges gesagt werden:

*Torhäuser*
im Neo-Klassizismus als Wachhäuser errichtet, standen jeweils paarweise gegenüber an den Stadtausgängen innerhalb der Wallanlagen : am Doventor, Ansgaritor, Ostertor, Buntentor und Hohentor. Sie dienten nachher anderen öffentlichen Zwecken und wurden im Zweiten Weltkrieg alle zerstört bis auf die beiden am Ostertor (Wilhelm-Wagenfeld-Haus und Gerhard-Marcks-Haus). Am Ansgaritor entstand ein Nachbau.

Kleine Stadttore ohne weiterführende Heerstraßen sind Stadt-Pforten, die früher auch wohl nicht ständig geöffnet waren oder nur bestimmten Benutzerkreisen zur Verfügung standen:

*Adamspforte*
wurde 1885 in die Hafenstraße einbezogen und war eine Stadtmauerpforte am Westrand der Steffensstadt.

*Brill*
bedeutet althochdeutsch ebenfalls enger Durchlass, war eine kleine Pforte zur Steffensstadt hin.

*Bonspforte*
Stadtmauerpforte an der Tiefer.

*Holzpforte*
Stadtmauerpforte im Balgeviertel beim Stavendamm zur »kleinen Schlachte« hin, dem Platz für Holzflößer.

*Nagelspforte*
Stadtmauerpforte zwischen Ansgaritor und Fangturm.

*Schlachtpforten*
mehrere Stadtmauerpforten seit 1250 zur »Schlachte« hin, dem als Schiffsanlegeplatz befestigten Ufer. »Slait« = eingeschlagene Pfähle.

*Hasenpforte*
Abzugsröhre durch die Stadtmauer bei der Jakobistraße (hase / hose = Röhre); kann aber auch nach dort ansässigen Hosenschneidern genannt sein.

*Huckpforte*
Stadtmauerpforte, führte zu einem Anlegeplatz außerhalb der Mauer vor der Steffensstadt und musste nachts von einem »Poortensluter« verschlossen werden.

*Kranpforte*
Stadtmauerpforte zum Weserufer hin.

*Sortie-Poort*
nannte man eine kleine Auslasspforte in der Neustädter Stadtmauer. Der Name Sortillienstraße deutet noch heute darauf hin.

Als Hanse- und Bürgerstadt hat ein Stadtstaat wie Bremen mit Adelsschlössern und Ritterburgen innerhalb seiner Mauern zwangsläufig nichts im Sinn gehabt und sich gegen derartige äußere Adelseinflüsse immer erfolgreich gewehrt. Die mittelalterlichen Wehrbauten dienten dazu, sich vor unerwünschten äußeren Zugriffen zu sichern. So sind denn Türme und Burgen hier zweckdienliche Teile der Wehrbauten gewesen und lassen nur noch in den ortsgebundenen Namen die Erinnerung daran wach werden.

## *Stadtmauer, Türme und Burgen*

*Aschenburg*
am Geeren, im 15. Jahrhundert Kastell der Stadtmauer; Name soll von dem Besitzer Asko stammen.

*Bindwams*
Uferbollwerk der Doventorsvorstadt.

*Braut*
Zwinger und Pulvermagazin, 1522 erbaut und 1739 durch Blitzschlag zerstört; davor die brückenkopfartige Wallbefestigung »Borchwall« im 14. Jahrhundert.

*Fangturm*
Befestigungsturm in der älteren (damals die Steffensstadt noch nicht umschließenden) Stadtmauer, wurde als Gefängnis genutzt. Später wurde dort das Neue Kornhaus errichtet.

*Gasturm*
Großgasometer des 1901 gegründeten Gaswerks als Wahrzeichen von Woltmershausen. Das Verwaltungsgebäude mit dem schlanken Vierkantturm ist ein Beispiel der Baukunst der auslaufenden »Gründerzeit« Ende des 19. Jahrhundert.

*Gießhaus-Bastion*
lag zwischen Herdentor und Ansgaritor und hatte seinen Namen von der dort befindlichen Geschützrohr-Gießerei. Später wurde dort die Herdentormühle (»Mühle am Wall«) aufgebaut.

*Kattenturm*
in Kattenesch (südl. Teil der Feldmark Neuenland), hieß auch »Arster Turm«. Wurde 1310 als Befestigung angelegt, bei der eine auf Rädern stehende Steinwurfschleuder, eine sog. »Katze«, aufgestellt wurde mit Wirkungsbereich über diese Feldmark hin.

*Komturei*
Niederlassung des Deutschen Ordens im Mittelalter, mit noch erhaltenen Gewölben der Unterkirche.

*Marterburg*
von Mattenburg. »Matte« ist die dem Müller zustehende Mahlabgabe. Hier wurde Mehl in Matten (Metzen von ca. 60 Pfund) gelagert.

*Muggenburg*
wahrscheinlich von Mückenburg (?), am Stephanitorsbollwerk gelegen.

*Pagentorn*
von mittelalterlich page = Pferd, somit Pferdeturm. Ein alter Befestigungsturm an der Dobbenlinie im Bereich der Dobben-Landwehr.

*Rabenturm*
Stadtmauerturm am Hurrelberg, war Stadtgefängnis.

*Schütting*
Haus der Handelskammer. Name kommt von »schossen«, d.h. Geld einsammeln und verwahren.

*Schwartzpott*
war eine Festungswallbastion mit einem Pulvermagazin auf dem linken Weserufer und wurde später zum Pferdegang und dann zum Kasernengelände. »Dat klart op achtern Swartpott« war eine Neustädter Redensart, wenn es nach Wetterbesserung aussah. Wittpott war eine Wasserkuhle, ein Deichbruchloch außerhalb der Neustädter Befestigungsanlagen zur Weser hin.

*Torndiek*
alter Flurname bei Arsten, dort stand ein Wachturm an der »Kraut-Ochtum«.

*Turmkamp Wartum*
alter Wehrturm in der Warer Feldmark, älteste Bremer Befestigungsanlage auf dem linken Weserufer beim Ochtumübergang. 1309 erstmals erwähnt, diente der Turm als Warte = Wathorn. Wurde 1817 abgetragen. Das älteste Gebäude der Neustadt steht noch dort, das frühere Zollhaus, jetzt »Zum Storchennest«.

*Wasserkunst*
nennen die alten Bremer das Bauwerk (1870) des Wasserwerks am Stadtwerder, das wegen seiner vierkantigen Gestaltung mit den vier Ecktürmen auch als »umgekehrte Kommode« bezeichnet wird.

*Weserburg*
ist das packhausartige Portalgebäude des Teerhofs. Es beherbergt heute ein Museum für moderne Kunst. – Teerhof ist die schmale und langgezogene Halbinsel zwischen Großer und Kleiner Weser und zwischen den beiden Weserbrücken. Dort waren früher die Seiler (Reepschläger) ansässig, und dort wurden Schiffe kalfatert und Tauwerk geteert.

*Wichelnburg*
von »Weidenburg«, eine 1524 angelegte Weserbastion mit Pforte zur Großenstraße (»Wicheln« = Weidengebüsch).

*Berge*
In Bremen gibt es keine Berge und im weiteren Umland auch nicht, vom Weyerberg bei Worpswede oder der Großen Höhe bei Delmenhorst mal abgesehen. Schon die kleinste Erhebung wird gleich zur »Höhe«, wie bei Werderhöhe, Juliushöhe am Stadtwerder oder Altmannshöhe in den Wallanlagen.

Aber vielleicht gerade wegen des Fehlens echter Berge erfreut sich bei den Bremer »Flachland-Tirolern« das jährliche »Alpenfest« so großer Beliebtheit. So viel Dirndltrachten wie bei dieser Gelegenheit bekommt man sonst das ganze Jahr über in Bremen nicht zu sehen. Dennoch: Ortsbezeichnungen mit »Berg« finden sich hier doch:

*Theaterberg*
am Bischofstor (Bischofsnadel), der diese volkstümliche Bezeichnung beibehalten hat, weil dort früher einmal das Stadttheater stand. Aber diese Wallhöhe hat schon einmal anders geheißen, nämlich Tempelberg.

*Jakobsberg*
in der Pauliner Marsch, ein in der Plattenheide gelegener alter Hirtenhof, der jetzt Jürgenshof heißt.

*Hurrelberg*
von dem nur noch eine Fußgängertreppe am Ostertor vom Wall herab zeugt und wo im Mittelalter im Verlies des Rabenturms das Stadtgefängnis war.

*Hulsberg*
war eine außer halb Bremens gelegene Düne, die mit Stechpalmen (Hülsen) bewachsen war.

*Krähenberg*
nannte man eine Anhöhe auf dem Stadtwerder neben dem ebenfalls erhöht liegenden »Kuhhirten«. Es gibt aber auch noch eine gleichnamige Flurbezeichnung in Oslebshausen (Oshusen).

*Riensberg*
war ein altes Vorwerk vor den Toren Bremens und ist noch heute Stadtteilbezeichnung. Das alte Gut Riensberg ist Teil des dort neu etablierten Focke-Museums.

*Sandberg*
war schlichtweg ein Sandberg vor den Mauern der alten Steffensstadt.

*Mühlenberg*
am Wall, die alte Gießhaus-Bastion der früheren Stadtmauer, ließ insofern ein wenig von Bergeshöhe ahnen, wenn man die oberste Galerie der Wallmühle erklomm und von dort aus bei guter Sicht am Horizont den Weyerberg erblicken konnte. – Heute stehen Hochhäuser im Wege.

*Hexenberg*
ist eine Flurbezeichnung in der Wümmeniederung, wo sicherlich nächtliche Irrlichter flackerten.

Ultramontan heißt eigentlich »über den Bergen«. Hier hält man es zwar wohl damit, immer »auf der Höhe zu sein«, aber man achtet doch sehr darauf, dass »einem nicht die Berge auf den Kopf fallen«. Weite Sicht im wahren Sinne des Wortes ist eben doch die starke Seite des norddeutschen Flachlandes und Weitsicht eine der besonderen Wesensarten ihrer Menschen.

## Kinderspiele – nicht nur damals

Wenn man sich einmal zu erinnern versucht, welche Spiele uns damals Freude machten und was wir überhaupt so gespielt haben, würde man sie auf »vielleicht so Stücker dreißig« schätzen. Aber dann mal richtig darüber nachgedacht, und dann auch noch die Mütter und Omis befragt, ist man schier verwundert, dass weit mehr als das Doppelte dabei herauskommt. Das ist nicht nur typisch bremisch, was hier wiedergegeben werden soll. Denn anderen Ortes haben Kinder genauso gespielt, aber sie werden sicherlich für manches eine ähnliche Bezeichnung gehabt haben. Heute nehmen sich die jungen Muttis wieder mehr Zeit dafür, sich mit ihren Kindern zu beschäftigen, nachdem die anti-autoritäre Welle inzwischen abgeebbt ist. (Und die hieß doch so: »… müssen wir heute wieder spielen, was wir wollen?« – Daraus klingt doch der damals uneingestandene Wunsch nach Anleitung.) Insofern kann eine neuerliche Aufzählung wohl kaum schaden. Vielleicht ist sie sogar eine Anregung.

Zu Bewegungsspielen gehört nicht viel an Spielgeräten und wenn, dann solche Mittel, die einfach zu beschaffen und leicht mitzunehmen sind. Platz und Auslauf sind wichtiger; nur damals war es noch weitgehend ungefährlich, mitten »auffer Pferdestraße rumzujachtern«. Zum Kreiseltreiben braucht man Platz. Nachdem die erste Peitsche aus Vaters Händen stammt, ist es eine Selbstverständlichkeit für einen rechten Jungen, sich »seine Pietsch« dann selbst gemacht zu haben. – Vom Krämer an der Ecke (heute sagt man »Tante-Emma-Laden«) hatte man sich den »Tonnreifen« vom Butterfass besorgt, mit dem man doch viel schöner als mit einem gekauften Reifen aus Holz oder Rundeisen laufen konnte. Und der Reifen feierte vor Jahren als Hulahopp-Reifen fröhliche Urständ, nur musste er dieses Mal per Körperverrenkung um den eigenen Bauch gekreiselt werden.

Ja, Bewegungsspiele: Sie beginnen schon mit den Allerkleinsten an der Leine als Pferdegeschirr und werden dann als Steckenpferd geritten, nachdem das Kind dem Schaukelpferd entstiegen ist. Hoch hinaus geht es mit Stelzenlaufen. Etwas niedriger geht es beim Konservendosenlaufen zu, bei dem ein Band durch die durchgebohrte Dose gezogen wird, das man dann in die Hand nimmt. Hinternach dient die Dose auch als geräuschvoller Fußball-Ersatz.

Mit den eigenen Händen macht man Handstand, auch »an die Wand«, man kann Radschlagen und mit Hilfe eines Hintermannes sogar »Schubkarre« laufen. Schon etwas mehr Kraft gehört zum einbeinigen Hüpfen als Hahnenkampf oder huckepack als Reiterkampf. Es handelt sich in beiden Fällen darum, den Mitspieler wegzuschubsen oder umzuwerfen. Bei den kleinen Mädchen geht es ein wenig manierlicher zu. Sie spielen dann »Hinke-Pinke« oder »Himmel und Hölle« als Hüpfspiel auf den Gehwegplatten, während die noch kleineren sich mit »Häschen in der Grube« oder mit »Häschen hüpf« vergnügen.

Andere Bewegungsspiele, die auf Raumgewinn aus sind, wären das »Kriegenspielen« (nicht Krieg sondern Kriegen von Einholen) und Versteckspielen. Dazu gehört zuweilen noch ein bestimmtes Fragesystem wie »Jakob, wo bist du?« oder »Bitte, Bitte, wieviel Schritte darf ich gehn?« Mit ganz großen Schritten wird in »1 – 2 – 3 – Berliner Schritt« versucht, die Straße zu überqueren. Und eine besondere Variante ist »Anschlag für … (z.B. Helga) …« – Die schon mehr sportliche Note zeigt sich im Seilspringen, angefangen vom einfachen Springen mit dem bei der Mutti stiebitzten Wäscheleinenstück und übergehend zum gemeinschaftlichen Tauspringen, für das es vielerlei Spielarten gibt. (Früher waren die Apfelsinenkisten aus Spanien noch mit einem Tau aus Palmfaser umschnürt. Diese »Apfelsinen-Taue« waren ein sehr begehrter Artikel, und man musste schon gute Verbindung zum Obstladen haben.) Noch immer springen die Mädchen gern über das Wäschegummiband als »Gummi-Twist«. – Bei all' diesen Spielen geht es natürlich lebhaft und zuweilen auch lautstark zu. Am schönsten ist es jedoch, wenn sie alle recht viel Riemelreime und Schüttelverse wissen, mit denen sich ein schöner Spiel-Rhythmus erzielen lässt.

Vom Ballspielen der Mädchen einmal abgesehen, gehören Anfeuerung und Zuruf zum Ballspiel der Jungen. Dem späterhin im Verein geregelten Fußballspiel geht das Balltreten in der Straße voraus, wobei sich schon wahre Ballkünstler zeigen. Hauptsache ist jedoch »Kicken« und »Bullen«. Weiter sind zu nennen »Ball-an-Dach«, wobei es auf die Höhe des Wurfes ankommt und den Platzgewinn bis zum Wiederfangen oder Treffen nach dem Weglaufen. Dafür spielen die kleinen Mädchen das Wechselspiel »1 – 2 – 3, wer hat den Ball?« und wissen sonst auch noch auf vielerlei Art damit umzugehen. – Gruppenspiele sind Völkerball, Treibball, Raubball, Brennball und natürlich Hand- und Fußball. Etwas aus der Mode geraten ist der Schlagball-Weitwurf, der früher einmal sehr beliebt war.

Doch es geht auch viel kleiner. Das ist dann das Marmelspielen, die man manchenorts auch Klicker nennt. Die Kinder wissen sie nach Größe und Material in der Wertigkeit durchaus zu unterscheiden. Der einfache »Kittscheißer« zählt als Einser, und die dicke Eisenkugel (aus einem alten Kugellager) kann sogar 100 wert sein. Dabei geht es ums Gewinnen durch »pieksen« oder »im Pott spielen«. Findige Jungens machen sich aus Schuhkartons, in die Löcher verschiedener Größe geschnitten werden, ein Marmelglücksspiel, bei dem ins mit Stückzahl bewertete Loch getroffen werden muss. (Ich habe noch die Marmeln unserer Kinder in einer Flasche als Lampenfuß.)

Natürlich ist das Spielen in der Gruppe immer am schönsten. Aus dem Reigen und Rundgesang führt die Tanzbewegung weiter bis zum Volkstanz. Koppheister- oder Kalabums-Schießen ist ein lustiges Überkopfrollen, das zu Kinderfesten ebenso gehört wie Tauziehen, Schinkenkloppen, Sackhüpfen, Blinde Kuh, Topfschlagen und Eierlaufen. Beim Tanzvergnügen werden dann gern Schwierigkeiten eingebaut wie Luftballontanzen mit an den Fuß knöcheln angebundenen Luftballons, die gegenseitig zertreten werden müssen, oder der Kartoffeltanz, bei dem die Partner eine Kartoffel zwischen den Stirnen halten und diese nicht verlieren dürfen. Den Mädchen zugeschaut, erlebt man »Dornröschen war ein schönes Kind« und »Ringel – Rangel – Rose« oder »Dreih di nich um, de Plumpsack geiht rum!« und »Es geht eine Zipfelmütz in unserm Kreis herum«. Das alles sind Bewegungsspiele, in denen man sich weiterbewegt, etwas weiterreicht oder versteckt und dann schnell reagieren muss. Zu diesen Spielen gehört auch »Dritter Abschlag« oder das Abzählspiel »Zehne – Zwanzig – …«

Dagegen geht es bei den Jungen etwas lebhafter und rauer zu. Sie jagen einander als Räuber und Gendarm oder als Indianer und Trapper, wozu in beiden Fällen auch etwas Verkleidung gehört. Geländespiele kann man auch als Stadtsuchspiele machen, und weiter draußen macht man gern die Schnitzel- oder Fuchsjagd. Abwechslung bietet wohl das Zeltebauen, das in der einfachsten Form mit einer hochgespannten Wolldecke geschieht bis zum improvisierten Indianer-Wigwam. Es kann sich je nach dem verfügbaren Material auch zur Hütte auswachsen oder in einer hocherreichbaren Astgabel zum Baumhaus werden. – Nicht vergessen werden darf das Schlachtgetümmel eines Straßenklopps, wobei es darauf ankommt, die Gegenseite aus dem Revier zu vertreiben – um sich mit ihr nachher wieder zu neuerlichem »Kriegsrat« gegen eine »andere Gitsche« zusammenzutun.

Wenn es wegen des Wetters draußen gar nicht geht, dann wird im Hause gespielt oder im Jugendheim. Dazu eignen sich dann mancherlei Stegreifspiele, die insbesondere beim Kasperltheater und beim Spiel mit selbstgemachten Hand- und Fingerpuppen die Fantasie anregen und der Darstellung ein weites Feld eröffnen. Ansonsten geht es bei den Gesellschaftsspielen friedlich zu, wie z.B. bei »Stille Post sagen« oder Bilderstellen als Scharaden-Ratespiel. Durch Finger-, Hand- und Armstellungen lassen sich im Scheinwerferlicht vielfältige und einfallsreiche Schattenbilder darstellen. Vom einfachen Liedgesang gelangt man zum mehrstimmigen Kanongesang; und in der Tierstimmenimitation ist es ohne weiteres möglich, zumindest die Bremer Stadtmusikanten erklingen zu lassen, wenn man nicht ein ganzes Tierorchester intonieren will. Dafür lässt sich mit einfachen Mitteln und selbstgebastelten Instrumenten schnell ein zwar nicht immer wohlklingendes – Kinderorchester bilden mit Kammblasen, Blechtrommel vom Kochtopf, Beckenschlagen mit Holzlöffel auf Topfdeckel, Teufelsgeige, Mundorgel, Nasenflöte, Schlaghölzern und Rasseln und was sonst zur Geräuscherzeugung gerade zur Verfügung steht. Auch Tierbewegungen lassen sich nachmachen und sind eine gute Gelenkigkeitsübung, wie Entengang und Storchengang, Katzenschleichen, Hundelaufen, um nur einige davon zu nennen.

Zum Schluss des Sommers, wenn die Kornfelder abgeerntet sind, ist es früher für die Jungen selbstverständlich gewesen, den selbst oder mit Vaters Hilfe gebastelten Drachen steigen zu lassen. Das ist heute mancherorts wegen der Luftfahrtgefährdung sogar verboten. Aber eine beliebte Beschäftigung an lauen Sommerabenden ist das Laternenlaufen, bei dem die Jungen möglichst mit aus Zigarrenkisten oder Blechdosen hergestellten Laternen erscheinen, wenn sie nicht der länger brennenden Fackel den Vorzug geben. In ländlichen Gegenden schnitzt man sich ein ausdrucksvolles Lampiongesicht auch gern aus einem ausgehöhlten Kürbis. Ja, und dann die vielen schönen Laternenlieder: »Bummela bummela Laterne« und »Ich gehe mit meiner Laterne« oder der Zählvers als »Rattenfängermarsch«. Es geht auch ohne Musikbegleitung, die Hauptsache ist, man hat selbst noch Spaß am Singen – und man weiß ein paar Lieder, was im heutigen Schlagerzeitalter durchaus nicht selbstverständlich ist.

Aus Kastanien und Eicheln lassen sich für die Mädchen Ketten machen, und man kann lustige Figuren daraus zusammenstecken. Schon macher Junge hat sich den Magen fürchterlich mit dem ersten Rauchversuch verdorben, wenn er sich aus einer Kastanie eine Pfeife geschnitzt hat und sie mit aufgeraspeltern Torf füllte. Da ist es schon besser, eine selbstgeschnitzte Flöte in den Mund zu nehmen oder auf einem Grashalm zu pfeifen. Die Schnitzkunst oder Fingerfertigkeit lässt sich ansonsten beweisen bei der Verzierung eines aus einem frischen Ast geschnittenen Handstocks durch gemustertes Ablösen der Rinde oder durch Mustergeflecht aus Binsengras. Und welcher Junge versucht sich nicht an einem Pusterohr aus einem ausgehöhlten Holunderzweig, aus dem dann die unreifen und grünen Beeren zielgerichtet weggeblasen werden? Dafür haben es die Kleineren und die Mädchen lieber mit den buntschillernden Seifenblasen, zu deren Herstellung man nur eine Seifenlösung und eine Drahtschlinge benötigt. Pusten muss man natürlich auch, aber nur ganz sachte blasen.

Währenddessen vergleichen wohl die Jungen ihre Geschicklichkeit beim gezielten Werfen mit dem Taschenmesser in ein abgestecktes kleines Stück Sandboden. Von der Einstichstelle aus wird die Linie bis an die Kanten verlängert. Man nennt das »Land klauen« und muss es spielen, bis man den größten Teil der Fläche errungen hat.

Zum Schluss sind noch ein paar Beschäftigungen zu nennen, die irgendwo in dieser Beschreibung auch hätten eingeordnet werden können, wie Schwalben fliegen lassen (aus gefalteten Schulheftseiten natürlich) oder Geheimschrift erfinden. Es gibt vielerlei Ratespiele, z.B. »Ich sehe was, das du nicht siehst, die Farbe, die ist …« Das sind gewissermaßen die Vorläufer der heute so beliebten Fernsehratespiele. Auch »Wetten, dass …« muss so entstanden sein.

Die Mädchen sammeln und tauschen Oblaten-Bilder, und bei den Jungen müssen es bekannte Fußball-Kicker sein oder schnelle Flitzer, um nur einige der Möglichkeiten zu nennen.

Auch der Winter ist nicht ohne. Wenn Schnee da ist, lässt sich die Jugend kaum die Chance entgehen, einen Schneemann zu bauen. Da haben sogar die Väter noch ihren Spaß dran. – Und in Bremen müssen am Nikolaustag, 6. Dezember, viele buntgekleidete Sunnerkläuse durch die Straßen ziehen und in den Geschäften ihre Sprüchlein aufsagen.

Na, mal ehrlich, wer hätte nicht gern so mitgespielt!

## Kinderlieder, Abzählreime, Ringelreigen

Nicht nur, dass die Muttis – und natürlich auch die Omis – Spaß daran finden, ihren kleinen Lieblingen etwas vorzusingen oder sie mit kleinen Versen zu unterhalten, nein, Kinderreime und Abzählverse sind doch wohl die nachhaltigste Methode, bei dem kleinen Geist auf unmerkliche Weise das Gedächtnis zu stärken. Welch glücklicher Augenblick, wenn der oder die Kleine die Verse mitzusprechen beginnt und dann später sogar ganz genau aufpasst, dass auch nicht eine einzige Zeile ausgelassen wird.

Es gibt eine Vielzahl von Kinderbüchern und Liedersammlungen, in denen genügend davon steht. Aber hat man diese auch immer zur Hand, wenn sie gebraucht werden? Und sicherlich sind gerade die am schönsten, die in der eigenen Jugendzeit gebräuchlich waren. Die hier gebrachte kleine Auswahl oder Sammlung, ganz wie man es halten mag, will lediglich einmal an das erinnern, was uns selbst früher – lang ist's her – so selbstverständlich war und was in macherlei Hinsicht vielleicht schon in die Vergessenheit abgesunken ist.

Vielleicht ist sie auch eine kleine Anregung, es bei geeigneter Gelegenheit wieder einmal zu versuchen. – Sowohl bei Laternenumzügen als auch beim Sunnerkluus-Laufen war jedenfalls – und das muss man wirklich sagen: leider – eine schon fast erschreckende Unkenntnis der einschlägigen Verse aus unserer Jugendzeit festzustellen. So etwas darf doch eigentlich nicht sein! Allein darum sollte das Festhalten schon diesen Versuch wert gewesen sein.

Die nachgenannten plattdeutschen »Riemels« sind in nahezu gleicher Textversion auch in fast allen Fällen als hochdeutsche Kinderreime bekannt. Aber sie in beiden Fassungen zu bringen, wäre dann doch wohl wirklich »doppelt gemoppelt« gewesen.

*Fief Finger*
Dat is de Duum,
de schüttelt de Plum'n
de sammelt se op,
de deiht se in'n Pott,
un de littje Kierl freet se all op.

*Koken backen*
Backe, backe, Koken,
de Bäcker, de hett ropen.
Will een scheune Koken backen,
mutt he hebben söben Saken:
Eier un Smolt,
Botter un Solt,
Zucker un Mehl,
Safran mokt den Koken geel.

*Taler, Taler*
Taler, Taler, du musst wandern
von der einen Hand zur andern.
Das ist hübsch, das ist schön,
lass den Taler nur nicht sehn.

*Hoppereiter*
Hoppe, hoppe Reiter,
wenn er fällt, dann schreit er.
Fällt er in den Graben,
fressen ihn die Raben.
Fällt er in den Sumpf,
macht der Reiter – plumps!

So ried de Heern,
so ried de Heern,
so jockelt de Buurn,
jockelt de Burrn.
So jagt de Knechten –
un smiet em in'n Groben.

Hopp, hopp, hopp,
Peerdken makt Galopp
Peerdken geiht in Draff
un smiet – bauts – em aff.

*Schlaflied*
Schlaf, Kindchen schlaf,
im Garten sind zwei Schaf'.
Ein schwarzes und ein weißes,
und wenn das Kind
nicht schlafen will,
kommt das schwarze und beißt es.

*Weegenleed*
Slap, Kindken slap,
dien Vadder höd de Schaap,
dien Mudder höd de bunte Koh.
Kindken, mok de Oogen to
slap, Kindken slap!

*Tuck tuck tuck mein Hühnchen*
Tuck tuck tuck, mein Hühnchen,
was machst du auf dem Hof?
Du pflückst mir meine Blumen ab
und machst das viel zu grob.
Die Mutti wird dich greifen,
dann kriegst du deinen Lohn.
Tuck tuck tuck, mein Hühnchen,
lauf lieber schnell davon.

*Buer, bind den Pudel an*
Buer, bind den Pudel an,
dat he mi nich bieten kann.
Bitt he mi, verklag ik di,
dusen Daler kost't dat di!

Jetzt wird's ERNST

*ABC*
ABC, de Katt löppt dör den Snee.
As se wedder rut kam,
harr se witte Boxen an.
Oder:
As se wedder rut kam,
hett se witte Stebeln an.

*Dat kittelt so*
Dor kommt een Muus,
de baut een Huus,
dor kommt ne Mücke,
de baut ne Brücke.
Dor kommt een Floh,
de kittelt di so.

*Klapperstorch*
Ähbar, bester,
bring mi'n lütte Süster!
Ähbar oder
bring mi'n lütten Broder.
Ik will se flietig weegen
un mi ok good bedrägen.
(Gibt's auch
als hochdeutschen Reim)

*Zählreim*
Een – twee – dree –
veer – fief – söss – söben,
eene ole Fro kokt Röben,
eene ole Fro kokt Speck,
een – twee – dree –
un du bist weg!

*Abzählverse*
Ene – mene – muh,
ab bist du!
Eier – beier – beck,
du bist weg!
Ene – mene – muh, Müllers Kuh,
Müllers Esel,
das bist du! (ab bist du!)

*Alle meine Entchen*
Alle meine Entchen
schwimmen auf dem See,
Köpfchen unter Wasser,
Schwänzchen in die Höh.

*Hüpf, Häschen, hüpf*
Häschen in der Grube
saß und schlief.
Armes Häschen, bist du krank,
dass du nicht mehr hüpfen kannst?
Hüpf, Häschen, hüpf!

*Daler*
Dor hest nen Daler,
goh nah'n Markt,
koop di ne Koh
un en Kälvken darto.
Kälvken hett een Swänzken,
kille – kille – lensken.

*Leckermann*
Bimmel – bammel – beier,
us Katt mag keene Eier.
Wat mag se dann? –
Speck in' ne Pann,
is man een littjen Leckermann.

*Eia Popeia*

Eia Popeia,
wat raschelt in't Stroh!
Dat sind de lütten Goose,
de hebbt jo keen Schoh.
De Schoster hett Ledder,
keen Leesten darto.
Drum löppt de lütten Goose
un hebbt keene Schoh.

*Ringel – Rangel – Rose*

Ringel – Rangel – Rose,
Butter in die Dose,
Schmalz in den Kasten,
morgen woll'n wir fasten,
übermorgen Lämmlein schlachten,
das soll sagen: bäh!

*Heile, heile, Segen*

Heile, heile, Segen,
drei Tage Regen,
drei Tage Sonnenschein,
morgen wird's schon besser sein.

*Pferdchen lauf Galopp*

Hopp, hopp, hopp, hopp, hopp,
Pferdchen lauf Galopp
über Stock und über Steine,
aber brich dir nicht die Beine;
hopp, hopp, hopp, hopp, hopp,
Pferdchen lauf Galopp.

*Schandaal*

Use Katt hett Junge,
söben anne Zahl.
Söss dorvon sind Hunne,
dat is een Schandaal.

*Zungenbrecher-Reim*

Dies ist der Schlüssel zum Garten,
auf den drei Jungfrauen warten.
Die erste hieß Binka,
die zweite hieß Bibelebinka,
die dritte hieß Schnickschnack-
schnobelebobelebibelebinka.
Da nahm die Binka einen Stein
und warf ihn der Bibelebinka
an das Bein,
da fing die Schnickschnack-
schnobelebobelebibelebinka
ganz fürchterlich an zu schrein.

*Hüh!*

Jan, spann an!
Dree Katten voran,
dree Müüs vorop –
nah'n Blocksbarg rop!

*Un danz mit mien Marei*

Wenn hier een Pott
mit Bohnen steiht
un door een Pott mit Bree,
dann laat ik Bree
un Bohnen stohn
un danz mit mien Marei.

*Brüderchen, komm tanz mit mir*

Brüderchen, komm tanz mit mir,
beide Hände reich ich dir.
Einmal hin, einmal her,
rundherum, das ist nicht schwer.
Mit den Füßen
trapp, trapp, trapp,
mit den Händen
klapp, klapp, klapp.

Mit dem Köpfchen
nick, nick, nick,
mit den Fingerchen
tick, tick, tick.
Einmal hin, einmal her,
rundherum, das is nicht schwer.
Noch einmal das schöne Spiel,
weil's uns gar so gut gefiel.

*Hochtied*
Peterzillje, Soppenkruut
wasst in usen Garten.
Us Marie, de is de Bruut,
schall nich lange warten.
Roden Wien – witten Wien,
morgen schall de Hochtied sien.

Herr Schmidt, Herr Schmidt,
wat kreeg de Jule mit?
Een Sleier un een Federhoot,
de steiht de Jule doch so good;
een Sack vull Mehl,
een Pott vull Grütt,
dat allens kreeg de Jule mit.

*Zipfelmütz geht um*
Es geht eine Zipfelmütz
in unserm Kreis herum.
Dreimal drei ist neune,
du weißt ja, wie ich's meine.
Dreimal drei und eins ist zehn;
Zipfelmütz, bleib stehn!

*Bi-Ba-Butzemann*
Es tanzt ein Bi-Ba-Butzemann
in unserm Kreis herum.
Er rüttelt sich,
er schüttelt sich,
er wirft sein Säcklein hinter sich.
Es tanzt ein Bi-Ba-Butzemann
in unserm Kreis herum.

*Regenlied*
Es regnet, es regnet,
die Erde wird nass.
Wir sitzen im Trocknen
und freuen uns was.

*Rattenfängermarsch*
Einundzwanzig, zweiundzwanzig,
drei – vier – fünf – sechs
siebenundzwanzig,
achtundzwanzig –
neunundzwanzig,
drei – hei – ßig;
ja so geht der Rattenfängermarsch,
ja so geht der Knüppel
übern Arsch, Arsch, Arsch.

*Laternenlied*
Bummella, Bummellaterne
Sonne, Mond und Sterne,
die Laterne brennt so schön,
da kann man mit spazieren gehn
in den grünen Wald,
wo die Büchse knallt.
Brenne auf mein Licht,
brenne auf mein Licht,
aber nur meine liebe Laterne nicht.

Klabuster, klabuster,
die ganze Welt ist duster.
Mien Mudder kann
dat Bett nich fin' n
und fallt vor Schreck
int Kellerlock rin
(oder: in'n Pisspott rin).

Kellerlock is so deep,
se fallt mit de Nees in Seep.
Seep is so düer,
se fallt mit de Nees in't Füer.
Füer is so hitt,
se fallt mit de Nees in'n Kitt.
Kitt is so hatt,
se fallt mit de Nees in't Fatt.
Fatt dat fallt entzwei,
dor leeg de Hohn een Ei.
Klabuster, klabuster,
die ganze Welt ist duster.

Ich gehe mit meiner Laterne
und meine Laterne mit mir.
Die Sonne, der Mond
und die Sterne,
die leuchten heute mir.

Ich gehe mit meiner Laterne
und meine Laterne mit mir.
Da oben leuchten die Sterne,
hier unten leuchten wir.
Mein Licht geht aus,
wir gehn nach Haus
und kommen morgen wieder
und singen neue Lieder.

*Wiehnachtsabend*
Op Wiehnachtsabend
dor geiht se nah baben.
Dor pingelt de Klocken,
dor danzt de Poppen,
dor drinkt se Wien,
dor slacht se'n Swien.
In Grootvadders Huus,
dor piept de Muus.

*Morgen is Freemaak*
Morgen is Freemaak,
da geiht mien Mudder nah' n Maakt.
Se kofft een suren Hering,
dor kreeg wi all wat aff:
Mien Vadder een Stuck,
mien Mudder een Stuck,
wi Kinner kreeg de Rägen,
de könnt wi good verdrägen.
De Katt, de kreeg den Swanz,
dor geiht se mit nah'n Danz.
De Muus, de kreeg den Kopp,
dor geiht se mit nah't Lock.

*Sunnerkluus, de grote Mann*
Sunnerkluus, de grote Mann,
kloppt an alle Dören an.
Littje Kinner bringt he wat,
grote Kinner kreegt vör't Gatt.
Halli, halli, hallo,
so geiht't nah Bremen to.

Ick bin so'n littjen König,
geevt mi nich so wenig.
Laat mi nich so lange stahn,
denn ick mutt noch wieder gahn.

Mien Vadder hett Zigarren rullt,
mien Mudder kaut Tabak.
Un wenn ji dat
nicht glöwen wullt,
denn stick ick jo in'n Sack.

Ich bin so'n littjen Schipperjung,
mutt suur mien Geld verdee'n,
mutt alle Dag in't Water stahn
mit miene krummen Been.

As ick noch so littjet weer,
dor leeg ick inne Weegen,
dor heel ick meene Beene hoch
un lett'n littjen fleegen.

Bremen is ne grote Stadt,
dor geevt se alltosamen wat.
De Appeln un de Beern,
de könnt wi good vertehr'n.
Halli, halli, hallo,
so geiht't nah Bremen to.

(Doch wenn's nichts gab,
dann hieß der Schlussvers:)

Witten Tweern, swatten Tweern,
giezige Lüe geevt nich geern.

*Riemel ton Aftelln*
Hau de Katt den Swanz af,
hau em nich to kort af.
Loot een lütten Stummel an,
dat he wedder wassen kann.

## Mit Musik geht alles besser …

Manches Mal fragt man sich, welche Musik einem selbst im Leben wohl am besten gefallen hat. Aber man würde auf eine solche Frage kaum erschöpfend antworten können. – Ob ich selbst musikalisch bin, weiß ich so genau auch nicht. Meine Familie meint jedenfalls, mein Brummelgesang wäre nicht wohlklingend. Wenn mir also die Frage gestellt würde, kann ich eigentlich nur antworten, welche Art von Musik oder welches Lied bei mir in einem bestimmten Alter oder zu einer gewissen Zeit besondere Vorliebe erweckte. Insofern kann und wird ein jeder darauf anders antworten müssen, denn Musik ist doch eben auch Geschmackssache. Für mich selbst heißt diese Frage, über acht Lebensjahrzehnte nachzudenken. Und ich finde es schon amüsant, was dabei an Erinnerungen hochkommt:

Kinderlieder-Verse weiß ich zwar noch sehr viele. Nur könnte ich nicht mehr sagen, wer sie mir damals im einzelnen beigebracht hat. Aber wir Jungen haben damals mehr oder weniger wohltönend versucht, sie auf Vaters Klavier nachzuklimpern. Dafür war der spätere Klavierunterricht, offenbar für normale Bürgerkinder so etwas wie eine obligatorische Pflichtübung, nur wenig dazu angetan, bis in musikalische Hochsphären vorzudringen. Ich bin im Grunde genommen über den sattsam bekannten »Flohwalzer« nicht hinausgekommen.

Aber an den weihnachtlichen Rundgesang zu Hause erinnere ich mich gerne. Durch unseren Geschäftshaushalt waren wir am Weihnachtsabend außer der ohnedies großen Familie auch noch mit allem im Hause wohnenden und bei uns tätigen Personal zusammen, um gemeinsam die Bescherung zu feiern. Einander an den Händen fassend, wurde der mitten im Raum stehende Tannenbaum beim Singen miteinander umschritten. Das war schon beinahe so etwas wie »Großer Chor«. Noch heute soll in manchen Familien zu solchen Anlässen gesungen werden. – Mein eigener Sohn hat in seinen Kindergartenjahren immer ganz eifrig »Hochoben schwebt Josef den Engeln was vor« gesungen. Ob er sich auch so daran erinnert?

Zur Freimarktszeit durften die Straßenmusikanten und Orgeldreher nur nach vorheriger Prüfung ihrem Musikgewerbe nachgehen. Dazu mussten sie früher einen Tag vorher im Hof des Polizeipräsidiums zum »Probespielen«. Klar, dass wir »Bremer Buttjer« dabei sein mussten. Und die Orgeldreher wurden beim Gang durch die Straßen immer von einer ganzen Kinderschar begleitet, die wieselflink herbeisauste, um die aus den Fenstern geworfenen und in Papier eingewickelten Groschen aufzusammeln. Am schönsten klangen immer die Orgeln aus Berlin-Schöneberg, die hatten auch die neuesten Gassenhauer drauf.

Beim sommerlichen Laternenlaufen fanden sich die Kinder der Innenstadt in den Wallanlagen zusammen. Ein paar ältere Mädchen, die alle die schönen »Bummela-Bummelaterne-Lieder« kannten, sorgten dafür, dass auch die Kleinsten ihren rechten Spaß daran hatten. Wir Jungen gingen natürlich nur mit selbstgebastelten Handlaternen, die aus Opas Zigarrenkisten so fein herzustellen waren. – Wenn dann am 6. Dezember Nikolaus-Tag war, sind wir in bunter Verkleidung mit »Sunnerkluus, de grode Mann, kloppt an alle Dören an …« durch die Geschäfte der Innenstadt gezogen, um unseren Sammelbeutel füllen zu lassen.

Im Turnverein begann jede Turnstunde mit einem Rundmarsch durch die Halle. Dabei wurden immer neue Wander- und Volkslieder einstudiert. Mit welcher Inbrunst haben wir »Jung-Siegfried war ein stolzer Knab', stieg von des Vaters Burg herab …« gesungen mit all den vielen Strophen! – Heute gibt es, nachdem es jahrzehntelang verpönt war, wenigstens im Frauenturnen wieder erste zaghafte Ansätze oder mutige Versuche, die Gymnastikstunden mit Gesang zu beleben.

Spaziergang mit den Eltern, das war damals noch drin, und es machte sonntags besonderes Vergnügen, am Kastanienwäldchen am Herdentor beim Platzkonzert den Klängen des von Fredo Niemann dirigierten Blasorchesters zu lauschen. Da »traf man sich«. Und beim Gang durch die Innenstadt konnte man hoch oben im Domturm die Trompeten der Sonntags-Turmbläser im Sonnenlicht blitzen sehen. Ihre Choräle klangen weit über den Markt hin.

– Sonntagnachmittags dagegen ging es bei anderer Choralmusik leiser und frommer zu, wenn die Heilsarmee am Doventorswall ihren Freigottesdienst absolvierte und sich dabei vom »Kriegenspielen« von uns Jungen gar nicht stören ließ. Erst viel später habe ich die segensreiche Bedeutung dieser Hilfsorganisation richtig erkannt und respektieren gelernt.

Klar, dass wir Jungen auch Pfadfinder sein mussten. Bei denen haben wir viele Wanderlieder gelernt, die alle im Liederbuch »Der Bundschuh« standen. Eines gefiel mir ganz besonders, nämlich das »Geusenlied« aus Flandern: »Gleich wie die Möwe ruhlos hastet von Land zu Meer, von Meer zu Land, und nie im Flug die Schwinge rastet auf Wellenschaum und Dünensand …« – Und ebenso rührt es mich heute noch an, wenn ein sangesfreudiger Kreis das Abendlied als Schlussgesang anstimmt mit »Kein schöner Land in dieser Zeit, als hier das unsre weit und breit …«

Jungen müssen Sport treiben, und nicht alle können beim Fußball dabei sein. Viele Sportarten haben ihre eigenen Lieder. Der Bremische Schwimmverein hatte sogar sein eigenes Vereinslied, das bei allen Vereinsveranstaltungen angestimmt wurde und das wir immer eifrig mitgesungen haben: »Wir springen frisch hinein, wir leben mit dem Wasser in dem engsten Verein …« Es endete mit »Gut Nass, gut Nass, gut Nass hurra!«

Der Ehrgeiz eines Musiklehrers ist, einen guten Schulchor zu dirigieren. Unser war darüber hinaus noch ein in Norddeutschland sehr bekannter Chorleiter und überaus aktiv im Deutschen Sängerbund. »Onkel Willi« Bokelmann hatte demgemäß das Repertoire künstlerisch entsprechend hoch angesetzt und uns weidlich gequält mit »Ave verum« und »Die Himmel rühmen des Ewigen Ehre« sowie der »Caffee-Kantate« und »Freiheit, die ich meine …« Vielleicht gerade, weil mir das Chorsingen damals völlig gegen den Strich ging, mag ich diese Melodien heute um so mehr. – Während einer Chor- und Konzertreise mit der Spielschar nach Kärnten und der Steiermark waren Volkslieder und Volkstänze aufzuführen. Das gefiel. Was aber besonders ankam und überall mitgesungen wurde, das war die Weise »Auf der Lüneburger Heide …«, die offenbar in Österreich zum Schulpflichtthema gehört hatte.

Und dann kam für uns die Zeit des Marschgesanges. Dabei haben wir es gern mit den lustigen Marschliedern gehalten, wie z.B. »Wenn ich des Morgens früh aufsteh und nach der Arbeit geh … ich muss ein Schnäpsel haben, ist das nicht fein? …« Oder wir sangen im Marschrhythmus »Gold und Silber hätt ich gern, könnt's auch wohl gebrauchen …« Doch bei Märschen mit Militärmusik, da kannten wir die (Landser-)Texte, die nicht immer so ganz stubenrein waren. Z.B. klang das beim »Gruß an Kiel« so: »Sieh mal an, was hast du für 'ne Badehose an, die ist ja viel zu stramm …« Oder bei einem anderen: »Leck mich links, leck mich rechts, leck mich kreuzweis übern Arsch, das ist doch der finnländische Reitermarsch!«

Aber auch die Schlager waren unsere Vorliebe. Wir schwärmten für Rosita Serrano, die Chilenin mit ihrem spanischen Timbre, die »Roter Mohn« so unvergleichlich singen konnte. Und wir hielten es mit Peter Kreuder und seinen heiteren Texten wie: »In meiner Badewanne bin ich Kapitän …« oder »Kein Schiff war je so schön wie das vom Donaudampfschifffahrtsgesellschaftskapitän …« oder »Ich wollt, ich wär ein Huhn …«, um nur einige zu nennen. Ausländische Schlager waren damals nur bedingt erlaubt. Aber die »Donkey-Serenade« hat auch in Deutschland gut geklungen. Nur für die Tanzstunde eigneten sich diese Melodien nicht. Da waren wir selig-beschwingt und jugendlich-verliebt und meinten es so, wenn das »Ich tanze mit dir in den Himmel hinein …« erklang. Das war unser Langsamer Walzer!

Natürlich hatte ein preußischer Kompaniechef nur Verständnis für zackige Lieder zu haben. Wir kickten da schon mal gegenan. Wenn es von ihm aus hieß »Ein Lied!«, dessen Titel ja zunächst »von vorn nach hinten durchgegeben« werden musste, dann brüllten wir »Eine Frau wird erst schön durch die Liebe!« Das Ergebnis: ein vergrellter Chef, dessen kurzer Befehl dann nur noch »Lied aus!« hieß und der uns statt dessen dann im Eilmarsch traben ließ. »Die Hammelbeine langziehen« nannte man das damals. Beim nächsten Anstimmen schlugen wir dann ebenso ergebnislos »Schönes Wetter heute und so nette Leute, alles voller Glück und Sonnenschein« vor. – Na ja.

Was macht der Landser nach Dienstschluss auf einsamem Inselstützpunkt? Radio hören! Und das jeden Abend, um sich mit Lili

Marleens »Vor der Kaserne, vor dem großen Tor ...« zu trösten. Aber gesungen wurde auch, wenn wir abends im selbstgestalteten Kompanieheim zusammensaßen. Der beste »Vorsänger« musste uns jeden Abend wieder unterhalten mit dem Wolgalied »Hast du da droben ...« und mit dem »Jungen an der Reling ...« und »Schwer mit den Schätzen des Orients beladen ...« mit dessen Kehrreim »Frag nur das Meer, ob's die Liebe kann scheiden, frag nur das Herz, ob's die Treue brechen kann!«

Aber auch griechische Volksmusik wurde uns vertraut. Sie hat einen eigenwilligen Klang. Seit jener Zeit liebe ich Bouzuki-Musik. Der Rückmarsch den Balkan nordwärts war nicht zu musikalischer Freude geeignet. Rastpausen wurden zu schnellem Schlaf ausgenützt. Aber ein Lied begeisterte uns damals doch, denn es weckte Heimaterinnerung. Es war die »Liebe kleine Schaffnerin, sag, wo fährt dein Wagen hin ...?« Einmal bei einer mehrstündigen Marschpause hatte ich mich »seitwärts in die Büsche geschlagen« und mich etwas in der Landschaft umgeschaut. In einem engen und düsteren Tal erblickte ich zwei nicht gerade sehr vertrauenserweckende Gestalten, die sich an einem kleinen Lagerfeuer ihr Essen zubereiteten. Von der ganzen Kulisse her hat mich dieser Anblick unheimlich beeindruckt, es war, als stände ich zwei »Freischütz«-Figuren gegenüber, die sich gerade ihre Bleikugeln gießen. Es fehlte nur noch der Ausruf wie in der Oper »Samiel, hilf!« –

Ja, und dann kam der große Neubeginn. Mit der Radioberieselung kamen die neuen Schlager, deren Texte oft auch nicht besser waren als jene aus den goldenen zwanziger Jahren. Heute belächeln wir sie, doch damals waren wir begeisterte »Einwohner von Tri-Zonesien, hei schimmelaschimmelabum!«, und wir hörten ein paarmal täglich den schmalzigen Song von den »Capri-Fischern«. Man hatte viel nachzuholen, an Melodien und an Tänzen. »Raspa« war solch ein Rhythmus, der uns von den Stühlen riss und durch den Saal toben ließ.

Mit der beruflichen Konsolidierung kam später dann das berufliche Reisen ins Ausland und noch später der Urlaub in anderen Ländern. Und jedes Mal brachte man von dort auch einen neuen »Ohrwurm« mit. Ich will sie hier einfach einmal aufzählen, eben einfach »nur so«: nämlich die »Tulpen aus Amsterdam«;

portugiesische Fado und Vira; spanische Flamenco, Jota und Paso doble; französische Musette-Walzer; italienische Tarantella; schottische Dudelsackpfeiferei; österreichische Zithermusik; griechische Bouzuki-Gitarrenklänge und das türkische »Üsküdar«-Geleier. – Hat alles Freude bereitet, alles zu seiner Zeit. Einen Titel aber verstand man überall: »Que sera?« – und das heißt auf deutsch: »Was wird einmal sein?« …

Doch auch Urlaub in Deutschland kann melodienfreudig sein. Bei Ferien in der Rhön schlossen wir uns einer kleinen Wandergruppe an, so in unserem Alter und auch mit noch ein paar Jahren mehr drauf. Aber die waren nicht nur gut zu Fuß, sondern hatten auch in der Sangeslust beste Kondition. Mit Gitarren- und Mandolinenbegleitung sind wir des Weges gezogen. Und in der Berghütte sitzende andere Wanderer haben gleich begeistert mitgesungen: »Ja, Bergvagabunden sind wir!« – Es mag vielleicht kitschig anmuten, wenn von einem einsamen Bergfried einer ehemals stolzen Moselburg spätabends (über den Lautsprecher) weithin über das Land das Trompeten-Solo »Il Silenzio« erschallt. Aber so wie früher auf Lili Marleen, so warteten wir in Beilstein abends auf diesen Gutenachtgruß von der Burgruine Metternich. Noch immer höre ich dieses Trompetenstück gern.

Die heutigen Schlager sind oft nur sehr kurzlebig, womit nichts gegen so genannte »Evergreens« gesagt werden soll. Und die Tanzlehrer müssen immer die Allerneuesten im Programm haben. Der Cha-Cha-Cha hält dabei schon seit vielen Jahren seine Position. Er gab sogar einem Bremer Tanzclub den Namen und die Erkennungsmelodie: »Caroline Cha-Cha-Cha, zeig mir deine Cha-Cha-Cha; Caroline heiß ich nicht, meine Cha-Cha-Cha zeig ich nicht!«

Manchmal kommt ein Gesang sogar ganz spontan hoch. Als vor bald zwanzig Jahren in Bremen der erste Volksmarsch stattfand, waren es gerade die Damen, die dabei einen besonderen Effekt bewirkten. Auf den Startschuss setzte sich die teilnehmende Damenklasse in Bewegung. Wohl aus Übermut hatte eine von ihnen »Das Wandern ist des Müllers Lust …« vor sich hin gesungen. Das wurde sofort aufgegriffen, und mit hellem Gesang zogen die Damen auf die Strecke. Das hat es nicht wieder gegeben. Eigentlich schade.

Ja, womit soll man es nun halten? Mit Willi Schneiders »Man müsste noch mal zwanzig sein ...« oder mit der »Freude schöner Götterfunken ...«? – Da hat jeder Mensch seine eigene Vorliebe und seine besonderen Erinnerungen. Und jetzt am Ende dieser Erzählung, was da noch alles an Erinnerungen hochkommt!

Jedenfalls sollte es wohl nicht so sein, wie Wilhelm Busch meint: »Musik wird störend oft empfunden, dieweil sie mit Geräusch verbunden«, sondern eben wirklich mit dem Eingangsmotto dieser Betrachtung »Mit Musik geht alles besser, mit Musik geht alles leicht ...«.

Darum also: Hau rein, Kapelle, es ist Tango angesagt ...

## Auf gut bremisch: »Lauf mal eben inne Stadt!«

Vororte und Innenstadt waren schon immer in Bremen eine örtliche und auch gedankliche – Abgrenzung. Ja, selbst wer direkt am Saum der Innenstadt wohnte, ging »inne Stadt« zum Einkaufen. Der Stadtküchen-Betrieb (Kochgeschäft sowie Wild- und Geflügel-Handlung), in den mein Großvater 1894 in der Bredenstraße hineinheiratete, hatte seinen Platz Am Wall – gegenüber der »Blumenschule« bei der Mühle zwischen Herdentor und Ansgaritor – seit 1904 und war ein Familienbetrieb, in dem alle mit zufassen mussten. Da war jeder wirklich »Mädchen für alles«. Und als »Sohn des Hauses« gehörte es zu den selbstverständlichen Pflichten, die Laufwege zu erledigen. »Lauf mal eben inne Stadt!«, hieß gleicherweise Einkaufen wie auch »Besorgungen machen« oder Bestellungen aufgeben. Das Telefon war damals in den zwanziger Jahren und in den »frühen dreißigern« längst noch nicht so zur unbedingten Nutzungsgewohnheit geworden wie heute, damit wurde sparsam umgegangen, eben weil man vieles »auf dem Wege nebenbei« miterledigen konnte.

Damals saßen in der Innenstadt nicht nur große Handelshäuser und Großkaufleute, waren dort nicht nur Behörden und Banken ansässig, bestimmten Büros und Lagerhäuser allein das Straßenbild. Auch in den Hauptstraßen gab es vielerlei kleine Gewerbebetriebe und Fachgeschäfte. In den Nebenstraßen fand man die Werkstätten von Handwerksmeistern. Die heute wohnmäßig so ausgeblutete Innenstadt war damals viel stärker belebt. In den Wohngeschossen der Häuser, in den Hinterhäusern und in all den kleinen Straßen wohnten zum Teil sehr kinderreiche Familien. Also eine hohe Wohndichte als solide Mischung aus Selbständigen, Angestellten, Arbeitern, Handwerkern und kleinen Beamten, Rentnern, Verkäufern und Vertretern. Den Begriff »Dienstleistungsberufe« kannte man damals noch nicht, aber es gab deren doch recht viele, wie z.B. Kochfrauen und Lohndiener, Putz- und

Flickfrauen, Hausschneiderinnen und Waschfrauen. Deren Adressen wurden schon damals nur als Geheimtipp weitergegeben, um den eigenen Kalender »ihrer« Tage nicht zu gefährden.

Als Bremer hatte man für alles seine speziellen »Hauslieferanten«, und in ganz bestimmten Geschäften mussten eben auch ganz bestimmte Sachen »eingeholt« werden. Es gab – schon von den Eltern her – feste Kaufgewohnheiten und eingefahrene Verbindungen. »Man ging da einfach hin«, denn: »Da weist de, was de kriegst, un die wissen, was de hamn willst!« Die Vielzahl der solchermaßen anzusprechenden Zulieferer ist schon ein echter Querschnitt durch die Geschäftswelt der Innenstadt.

Der Draht- und Korbflechter Wesp in der Töferbohmstraße war spezialisiert auf das Einsetzen neuer Feinhaar- und Drahtsiebe für die in allen Größen benötigten Bäckerei- und Küchensiebe. – Für alles, was aus Eisen reparaturbedürftig war, kam nur Schlosser Schulze in der Pelzerstraße in Frage, der in seiner Werkstatt für gröbere Arbeiten auch die erforderliche Schmiede-Esse hatte. – Gleich gegenüber Ecke Kleine Hundestraße befand sich das Farbengeschäft Bley, wo nicht nur Farben, sondern auch Fensterkitt zu holen war. – Auf Wasserhähne und Dichtungen und alles, was sonst zu Rohrleitungen gehörte, war Katenkamp Am Brill spezialisiert. – Das für den Bremer Haushalt typische Kaffeegeschirr mit den »Indishblue«-Ranken, das hier fälschlicherweise immer »Zwiebelmuster« genannt wurde, musste von Stegmann und Hartmann aus der Faulenstraße sein. – Und wenn es sich um Kräutertee jeglicher Art drehte, führte kein Weg an der Drogerie Zinke in der Faulenstraße vorbei. Erst viel später machten sich dafür die Reformhäuser breit. – Als Glasermeister wurde Hagemann aus der Knochenhauerstraße geholt, und eine Tischlerei war am Spitzenkiel. – Auch einen richtigen Hufschmied gab es damals noch in der Neuenstraße, und der ließ uns Kinder bei seiner Arbeit gern zuschauen. – Tafelmesser wurden zum Schleifen und »Abziehen« (damit die Fläche glänzend wurde) zu Gersiek am Wegesende gebracht, und die Scheren ließ man bei Bernett im Schüsselkorb schärfen. – Für Sattlerarbeiten gab es zwei Adressen, entweder Spille in der Knochenhauerstraße, wo immer ein großes ausgestopftes Pferd im Schaufenster stand, oder Kohlstruck in der verlängerten Faulenstraße kurz vor der Auffahrt zur Knoopstraße.

Wie ins Bilderbuch gehörig saß Schuhmacher Auhage in der Wallstraße auf seinem Dreibock. Er war ein biederer Flickschuster, der uns Jungen bereitwillig zeigte, wie man selbst die Nägel in die Sohlen der Marschstiefel hineinklopfen musste. Jedoch die leichteren und besseren Schuhe kamen zu Schuhmachermeister Kück in der Lützower Straße, der regelmäßig durch seine Söhne abholen und bringen ließ. – Ganz vom Steintor her kam in regelmäßigen Abständen der Uhrmacher Tietjen, um die Regulator-Uhren aufzuziehen und zeitgenau einzustellen, damit man nicht selbst unachtsamerweise den Schlag verstellte. Auf platt war das »de Klockenschoster«. – Geschenkartikel, insbesondere aus Kristall, erstand man bei Manne, Ecke Papen- und Obernstraße, und für den sonst strapazierten größeren Bedarf ging man gegenüber zu Schlotte, der wohl das größte Sortiment zu bieten hatte. Sollte es dagegen um einiges feiner und teurer sein, dann war Schwally in der Sögestraße dran. – Auf die Bremer Schülermützen mit den unterschiedlichen Schulfarben hatte sich u.a. Hut-Fricke in der Sögestraße eingestellt und fertigte sie in allen Größen auch prompt an. Doch als wir noch jünger waren und damals – noch in Volksschuljahren – einen so genannten »guten Anzug« angepasst bekamen, wurde von Hut-Fricke aus dem verbliebenen Anzugstoff auch die passende Schirmmütze zugeliefert. Ich glaube aber, dass wir uns darunter gar nicht so sehr wohlgefühlt haben. – Theaterkarten gab es im Vorverkauf bei Fedden in der Bischofsnadel und bei Haferkamp Am Wall. Da lohnte es sich schon, als guter Bekannter zu gelten, um auch Sonderwünsche erfüllt zu bekommen. Mein Vater erzählte, vor dem Ersten Weltkrieg immer kurz vor Theaterbeginn hingegangen zu sein, um dann »in letzter Minute« eine gute Karte billig rauszuhandeln, weil damals eine bestimmte Kartenanzahl in Eigenregie verkauft werden musste und man nicht gern darauf sitzenblieb. – Übrigens war es damals üblich, mit dem Bezirksschornsteinfeger einen Wartungsvertrag abgeschlossen zu haben für eine jährliche Pauschalgebühr. Und heute? Gebührentabelle per amtlicher Verordnung. – Doch es gab auch damals schon ungeliebte Berufe, wie z.B. den des Hundefängers in den Wallanlagen.

Ganz besonders differenziert ging es beim Einkauf für Essen und Trinken zu: Die Brötchen sollten schon von Vehlber im Schüsselkorb sein, wo alle halbe Stunde ein Korb voll von diesen frisch und ofenwarm in den Laden kam, zum letzten Mal abends um halb sieben, also eine halbe Stunde vor Ladenschluss. – Kümmelbrot, aber das mit in den Teig eingebackenem Kümmel (und nicht nur obendrauf gestreut), war die Spezialität von Rangenier Am Wall bei der Abbentorstraße und von Cohrs in der Knochenhauerstraße, während Pumpernickel der von Imhoff zu sein hatte oder von Düfelmeyer aus dem Doventorsteinweg. – Wer den besten Bremer Klaben hatte, darüber wäre sicherlich ein Wettstreit angebracht gewesen. Aber die traditionsbewussten Bremer Hausfrauen kneteten ihren Teig ja stets nach eigenen oder bewährten mütterlichen Rezepten und ließen ihn dann bei ihrem Bäcker »ausbacken«. –

Bremer Gekochte Mettwurst war in der sprichwörtlichen Qualität nur bei Bölken in der Kurzen Wallfahrt zu haben, wo es auch die beste Feine Leberwurst gab, während für Gekochten Schinken, rosa und saftig, die Schlachterei Harves in der Knochenhauerstraße die richtige Adresse war. Aber Schweinebraten und roher Schinken, frisch aus dem Anschnitt, das war gerühmte Spezialität von Schinken-Poppe am Wegesende. Harzer Käse und Limburger wurden bei Eyting in der Hutfilterstraße gekauft, und die anderen Käsesorten holte man entweder bei Vogt, später ebenfalls in der Hutfilterstraße und zuvor in der Ansgaritorstraße, oder bei Feinkost Rohlfing in der Bischofsnadel. –

Fisch für den häuslichen Normalbedarf gab es günstig bei Bolte am Wegesende. Dagegen musste der so genannte Edelfisch entweder bei Bodes, Ecke Söge- und Knochenhauerstraße, gekauft werden oder bei Klevenhusen in der Börsenpassage. Ausnahme bildete nur der frisch geräucherte Lachs von Klevenhusen, weswegen man extra den Umweg zur Räucherei am Geeren machte. Weil man normalerweise Bratheringe und Rollmöpse zu Hause selbst einlegte, geschah derartiger Einkauf als direkter Verzehr am Tresen bei gelegentlicher kleiner »Bierreise«. –

Mit der Familie im Lokal essen gehen, das war in Bremen eigentlich nicht üblich. Aber Feste mit gutem Essen zu Hause, das war bremische Eigenart und für Hausgäste eine besondere Auszeichnung. Man liebte es dabei »ein bisschen gut und ein bisschen viel«! Um aber die Hausfrau damit nicht zu belasten, ließ also der fürsorgliche

Hausvater nach entsprechender Sichtung von Menüvorschlägen das gesamte Essen von einer der beiden »Stadtküchen« Dünnbier Am Wall oder Preuss Inh. Kley aus der Pelzerstraße anliefern. Die kamen zu jeder gewünschten Zeit und rückten pünktlich »mit Pött un Pann« an. Notfalls wurden, wenn gewünscht, auch Tafelgeschirr und Tischwäsche mitgeliefert – und erforderlichenfalls auch für Tafelbedienung gesorgt unter Rückgriff auf die schon genannten »Servierfrauen« und »Lohndiener«. –

Bei Getränken hatte wohl jeder Haushalt so seine besonderen Quellen, teilweise schon aus Generationengewohnheit. Bei uns war das so: Rum musste von Schröck aus der Jacobistraße sein, Moselwein wurde von Ebrecht in der Falkenstraße bezogen. Rheinwein war bei Reidemeister & Ulrichs, Auf der Brake, zu holen, französische Rotweine sollten von Segnitz vom Löwenhof kommen. Jedoch musste Bordeaux bei Bachmann, An der Schlachte, bestellt werden, und für Süd- und Süßweine war Hagendorf & Grote der rechte Lieferant. Spirituosen holte man sich als Bremer vorwiegend bei Güldenhaus. – Blieb schließlich noch der Bierbedarf, der per Anlieferung durch Brauerei-Pferdewagen gedeckt wurde, ebenso wie die laufende Anlieferung von Kristalleis in Stangen durch Fahrzeuge von Huxmann, Am Deich. Wenn der »Eismann« die langen Eisstangen in tragbare und wannengerechte Stücke zerschlug, sahen wir Jungen immer zu, um ein Splitterstück zu erhaschen. Da konnte man so schön kalt dran lutschen. – Für den Nachschub an Bier für »zwischendurch« und für besondere Sorten wie z.B. »Köstritzer Schwarzbier« ging man schnell zu Beckröge, dem wohlsortierten »Bierverlag« am Wegesende. – Der Milchmann fuhr damals mit einem Pferdewagen zur Kundschaft, und er hatte auch noch ein Ladengeschäft Am Wall, wo man bei Cordes Milch, Sahne und »Molkereiprodukte« erhielt. Für uns Jungen war es ein herrliches Vergnügen, nachmittags bei der letzten Tour bis zum Stall mitfahren zu dürfen.

Bohnenkaffee musste – daran gab es »nichts zu tütteln« – von Ronning aus der Sögestraße sein, wo auch die kleinste Menge sorgsam verpackt, verschnürt und mit Trageknebel versehen das wachsame Auge des alten Herrn Otto Ronning passieren musste, der von der Galerie aus einen vollkommenen Überblick über seinen Laden hatte. –

# R. DÜNNBIER
## BREMEN

Fernsprecher 161 **Stadtkoch** Am Wall 124

***Erstes und ältestes Geschäft am Platze***

empfiehlt den geehrten Herrschaften seine feine

## :: STADTKÜCHE ::

bei allen vorkommenden Festlichkeiten, sowie

**Dejeuners, Diners und Soupers**

**einzelne Schüsseln und Gerichte**

in nur reeller Ausführung.

..... Empfehle — stets vorrätig — alle Sorten ....

**WILD und GEFLÜGEL**, welches auf Wunsch auch **gespickt** und **bratfertig** abgegeben wird.

Ferner mache ich auf mein **reichhaltiges**

**KONSERVENLAGER**

— *prima Ware* — höflichst aufmerksam.

*Bestellungen nach ausserhalb gelegenen Orten werden per eigenem Wagen oder Eisenbahn schnell und sicher ... befördert. ...*

*Das zur Tafel gehörige Geschirr, als: Porzellan, Gläser, silberne Bestecke, Tafeltücher, Servietten etc., wird unt. billiger Berechnung geliehen. ...*

Beteiligt an dem Prämienbuch.

Ähnlich differenziert verlief meist der Einkauf auf dem Domshof-Wochenmarkt. Auch da hatte man »seinen« bevorzugten Einkaufsstand für den jeweiligen Bedarf. Zur Zeit der Ernten wurde natürlich vergleichend begutachtet, was die Bauern, Gemüsehöker und Händler anzubieten hatten. Aber ansonsten ging man doch recht zielgenau auf seine altbekannten Stände zu. Für uns waren das bei Frischgeflügel die Wendels aus Wartum und Repges vom Arsterdamm. Das Gemüse gab es bei Tine Baudek, der Tochter von Lucie Flechtmann, der einst so legendären Bremer Fischfrau. Und die frischen Gemüsekräuter bot der unter dem Namen »Kräuteronkel« immer anwesende Thabe in großer Auswahl an. Nur die Eier wurden in Ausnahmefällen vom Markt geholt. Da kam einmal wöchentlich ein auswärtiger Lieferant und brachte sie gleich stiegenweise, also in großen ovalen Korbschalen, worin die Eier im Strohhäcksel schonend eingebettet lagen. –

Klar, dass bei uns im Küchenbetrieb auch Küchenabfälle anfielen. Die kamen nicht in den »Ascheneimer«, sondern wurden schon damals in einer separaten Tonne gesammelt, weil zweimal die Woche ein Kriegsinvalide kam, der sie »per Rad« abtransportierte, um damit, irgendwo am Stadtrand wohnend, ein paar Schweine fett zu machen. Von der Winterschlachtung beglückte er meinen Großvater immer mit einer Mettwurst. – Ausgesprochen bequem hatten wir es mit der »Blumenfrau«. Sie hatte ihren Stand am »Kastanienwäldchen« am Herdentor. Da sie in der Kiefstraße (beim Abbentor) wohnte, kam sie auf ihrem Weg immer bei uns Am Wall vorbei und wusste aus Liefergewohnheit recht genau, wann wir wieder etwas brauchten. – Und eine einmalige Besonderheit hatte der Wall zwischen Sögestraße und Ansgaritorstraße noch zu verzeichnen: Es gab dort drei Porträtfotografen und drei Fotogeschäfte. – Unergründlich blieb dem Mann nur, wo die Hausfrau so ihre Nähutensilien eindeckte und alles, was zur Hausschneiderei gehörte. Damals wurde noch viel selbst »geprühnt«. Und wenn die »Neihersche« da war, dann musste alles Zubehör doch schon vorher rechtzeitig eingekauft sein:

Stoffe durften – wegen der reichhaltigen Auswahl – schon mal aus dem Textilkaufhaus Heymann & Neumann in der Obernstraße stammen, wenn nicht – bei besseren Stoffarten – bei Stallmann

& Harder, Am Wall, gekauft worden war. Spitzen gab es in großmöglichster Auswahl im Spitzenhaus im Schüsselkorb und auch beim Spitzen- und Gardinen-Cohn in der Hutfilterstraße. Aber bei Knöpfen, Unterfutter, Nähutensilien und all dem sonstigen Zubehör lohnte sich wegen der Sortimentsvielfalt schon der Weg zum Wall, wo gegenüber dem Kastanienwäldchen Pelke einen Schneiderbedarf betrieb. Nur was die reinen Handarbeiten anbelangte, da kam die Hausfrau für die feineren Sticheleien an Nieberding, Am Wall, nicht vorbei und fand sich ansonsten für alles andere bei Hinrichs & Bollweg in der Wachtstraße am besten zurecht. Allenfalls war noch die Handarbeitsabteilung im Kaufhaus gerade eben erlaubt. Nun, heute ist das alles anders. Statt der Vielzahl der Fachgeschäfte haben wir heute eine Ballung von Warenhäusern und Supermärkten. So heißt es: »Alles unter einem Dach«. Die Zeiten des gemütlichen Stadtbummels sind schon lange vorbei. »Keine Zeit – keine Zeit« ist das Stichwort unserer Tage.

Und doch ist Omas Überhandtuch bei den Enkeltöchtern heutzutage wieder ein geschätztes Küchenrequisit.

## Von der »Bündischen Jugend« zur »Staatsjugend«

Die einzelnen Gruppen der Bündischen Jugend, die freien Pfadfindergruppen, die Jugendvereine und Sportabteilungen, all diese Zusammenschlüsse sind damals innerhalb von zwei Jahren nach der »Machtergreifung« nacheinander in das Deutsche Jungvolk »DJ« (bis 14 Jahre) und in die Hitlerjugend »HJ« (15–18 Jahre) »gleichgeschaltet« und »überführt« bzw. einfach »vereinnahmt« worden. Die letzten dann noch draußen stehenden Kinder und Jugendlichen wurden per 1. Dezember 1936 schließlich mit Hilfe des »Reichsjugendgesetzes« von der unabwendbaren Mitgliedschaft »überzeugt«.

Der Sportbetrieb der Vereine wurde im Leistungsbereich zwar nicht eingeschränkt, musste sich aber Einmischungen gefallen lassen. So musste die Sportkleidung bei Wettkämpfen neben dem Vereinsemblem (wenn überhaupt noch) unbedingt auch die HJ-»Salmiakpastille« aufweisen. Zur Teilnahme an Wettkämpfen wurde im Stil der damaligen Zeit »einberufen«. Da gab es auch keine Einsprüche von Schulleitern oder Arbeitgebern. – Leistungssportler wurden aber vom normalen HJ-Dienst »freigestellt«. Um sie solchermaßen bei der Stange zu halten, erhielten sie sogar zusätzlich noch »Führerschnüre« und »Führerausweise« zum Beweis dessen, wie erfolgreich die Jugendarbeit von DJ und HJ sich auswirkte. Ansonsten gab es aber auch noch Freistellungen aus beruflichen Gründen, wenn die Arbeitszeiten mancher Lehrbetriebe keine Teilnahme am Dienst ermöglichten.

Dienst, das hieß Heimabende, Schulungen, Sport, Ausmärsche, Fahrten, Zeltlager, Teilnahme an Aufmärschen und Kundgebungen, Mitwirkung bei Sammlungen usw. usw. … Doch Jugend sucht immer nach einem Ausbrechen aus dem Konzept, nach Gelegenheit zu Streichen und nach Abreagieren des Übermutes. Deshalb soll hier die vom Dienst abweichende Linie betrachtet werden.

So war einmal aus irgendwelchen unbekannten Gründen ein Dienstabend ausgefallen, und wir standen in Uniform am üblichen

»Gefolgschafts«-Treffpunkt. Was mit dem Abend anfangen? Irgend jemand kam auf eine verrückte Idee; »Wachposten üben!« – Aber wie? –

Im strammen Marschschritt zog eine Gruppe durch die Altstadt. Diese »Wachtruppe« postierte zwei Mann am Podest des Bismarck-Denkmals an der Nordwestecke des Domes. Die beiden »Ehrenposten« standen eisern da und mucksten sich nicht: Sturmriemen der Mütze unter das Kinn geschlagen, die herunterhängenden Arme zu Fäusten geballt. Inzwischen sammelte sich schon einiges Volk an. Fragend, wozu das? Nach einer Viertelstunde kam die »Wachtruppe« wieder heranmarschiert und zog mit zackigen Kommandos die Posten zum Abmarsch wieder ein. Ähnliches geschah zur gleichen Zeit von einer zweiten Gruppe vor dem Hauseingang des Altstädter Ortsgruppenleiters: Das gleiche Schauspiel – die gleiche Verwunderung. Der hat vergeblich telefoniert. Nach einer halben Stunde schenkelklopfender Spaß am Treffpunkt – und »frühzeitiges Dienstende«. Der inzwischen alarmierte HJ-Streifendienst hatte jedenfalls einen vergeblichen Einsatz zu vermelden und nichts herausbekommen.

Ein anderes Mal war bei ähnlicher Gelegenheit der Bahnhof der dafür ausgesuchte »Kriegsschauplatz«. Unser Kleinster, Hänschen, bekam eine Bahnsteigkarte – und die ganze HJ-Schar hatte sich in der Bahnhofshalle verteilt. Mit einem infernalischen Begrüßungsschrei stürzten sie von allen Seiten her auf ihn zu: »Hänschen ist da!«, hoben ihn auf die Schultern und trugen ihn wie einen großen Sieger aus der Bahnhofshalle. Auf dem Bahnhofsvorplatz lief alles schnell wieder auseinander. Auch hier die nachträgliche Anfrage ein absoluter Negativbescheid.

Aber auch »in Zivil« trafen wir uns zu fröhlichem Tun. Sonnabends- und sonntagsnachmittags waren Sögestraße und Obernstraße die beliebte Bremer Flanierstrecke zum Schaufensterbummel. Da schritten Bremer Ehepaare zusammen mit ihren wohlbehüteten Töchtern diese »Rennstrecke« gemessenen Schrittes hin und zurück ab. Im »Gegenkurs« wir Jünglinge aus der Innenstadt, mit Mantel, Hut und Handschuhen, immer zu zweit oder dritt und zueinander im gebührenden Abstand. Sobald sich nun eine Familie näherte, wurde vor der jungen Dame im Vorbeigehen höchst artig aber doch sehr auffällig der Hut gezogen. Das hat für manchen roten Kopf gesorgt und viel Verwunderung bewirkt, denn damals war doch sonst der »Deutsche Gruß« die übliche Ehrerbietung. –

Auch im »Schulalltag« zeigten wir uns als »unzeitgemäße Reaktionäre«. Wir behielten die schmissigen Schülermützen bei, die wegen ihrer unterschiedlichen Farben genauen Hinweis auf die jeweilige Schulzugehörigkeit gaben. Auf unsere Schulfarben waren wir stolz. Dagegen half noch nicht einmal die Erlaubnis, die schwarze Skimütze der Uniform auch als Zivilmütze tragen zu können. Unterschiede gab es auch bei der Konfirmation. Es waren nur einige wenige – und besonders »Hundertprozentige« – zur Konfirmation in Uniform erschienen, so wie es damals »erwünscht« war. Die anderen Jungen kamen im dunkelblauen Anzug oder im »Nadelstreifen« – und mit Schülermützen. Auch die Mädchen hatten statt der BDM-Kleidung lieber bunte Frühlingsgarderobe getragen oder – wie es damals beliebt war – bunte Trachtendirndl. Klar, dass wir für die von uns heimlich Verehrten eine kleine Blume mitgebracht hatten. Wir wussten damals jedenfalls doch noch gut zu unterscheiden zwischen allem, was mit Anstand und Benehmen einerseits und mit Gehorsam und Nagelschuhen andererseits zu tun hatte.

Als damals »Adolf der Große« zum einzigen Male in offiziellem Anlass in das von ihm ungeliebte Bremen kam, um bei der »Akschen« – A.G. »Weser« – die Taufe der Lloyd-Ostasien-Schnellfrachter »Scharnhorst« und »Gneisenau« vorzunehmen, waren auch wir ungewollt in eine Politposse verwickelt. Vom Bahnhof bis durch den ganzen Westen waren alles Uniformierte in langer Reihe als Spalier postiert, dabei jeder zweite SA-Mann mit Blick auf die Häuser – zur Sicherheit. Stunden vorher standen wir schon auf einem Fleck. Die »Parolen«, die durchgesagt wurden, jagten einander förmlich. Mal hieß es »Heil rufen!«, dann wieder »Stramm stehen und mit Deutschem Gruß«, wenig später »fröhlich winken«, kurz danach »Heil und Hände klatschen!« und noch einiges mehr. Das Ergebnis war das totale Chaos: Die Wagenkolonne fuhr eilends durch eine fast schweigende Menge, die ihren großen Führer meist stumm anglotzte. Das hat er Bremen nie vergessen.

Die HJ-Gefolgschaft 9/75 der Innenstadt hatte einen eigenen Aushängekasten am Stadtwerke-Schalthaus Papenstraße / Obernstraße. Dahinein kamen Dienstpläne, Fahrtenberichte, Ankündigungen sowie Fahrtenfotos usw. Ab und zu auch ein »erlaubter« Witz. – Ein »Witz« kam aber ganz verkehrt an:

Als unser Stammführer am gleichen Sonntag wie sein Adjutant Verlobung feierten mit zwei uns gut bekannten BDM-Führerinnen, stach uns irgend wie der Hafer. Ich hatte einen Schlüssel für den Schaukasten. Also einen »Glückwunsch« hinein praktiziert, im jugendlichen Übermut unbekümmert geschrieben als »ehrerbietigen Wunsch« zu dem »in seltener geistiger und körperlicher Frische begangenen Fest der Verkaufung«. So schnell wie damals ist niemals wieder eine »Parole umgelaufen«. Schon Montagmittag gleich nach der Schule war der telefonische Befehl »Zum Rapport« da. Das war ein echter »Kreuzweg«, um die jugendliche Unbedarftheit glaubwürdig zu erklären. Die Aufstiegschancen in der HJ waren aber dadurch erst einmal für längere Zeit »im Eimer«. Hat aber ansonsten nicht weiter geschadet.

Was in der Grundschulzeit (vor 1933) der »Straßenklopp« in den Wallanlagen war, wenn Herdentor und Abbentor sich im lautstarken Wettstreit miteinander wamsten, das war nachher im »Tausendjährigen Reich« die winterliche Großschneeballschlacht rund um das Kriegerdenkmal (von 1870/71) Am Wall. Es waren die gleichen Akteure wie zuvor, nur waren die Anführer jetzt bulliger, und es wurde statt früher mit Holzsäbeln jetzt mit Fäusten kräftiger zugeschlagen.

»Stadt und Land – Hand in Hand!« bedeutete zur Feier des Erntedankfestes, dass die innerstädtischen Ortsgruppen und Parteiorganisationen ländliche Partnerschaften zugeordnet bekamen, mit denen sie zusammen zu feiern hatten. Organisation war eben alles. Wir aus der Altstadt mussten nach Seehausen-Hasenbüren. Hin- und Rückfahrt per Schreiber-Dampfer. Die Partei-Ortsgruppe hatte dabei besonderen Wert auf das Mitfahren unserer HJ-Gefolgschaft gelegt – damit sie nicht selbst zu singen brauchten beim Marschieren. Wir haben also im Festzug lautstark getönt, mussten nachher auf der Bauerntenne auch noch einiges zu Gehör bringen, während die Parteigenossen schon beim Durst angelangt waren. Bis zur Rückkehr am frühen Abend haben wir grölen müssen, wobei die Kehlen durch immer neu gespendete Lagen von »Sprudelwasser mit Bonschengeschmack« geschmiert wurden. »Bonzo«, unser bester Solo-Sänger, konnte so herrlich »Die weiße Taube« singen und musste immer wieder ran. Stockheiser sind wir in Bremen angekommen. So ist die Innenstadt-Gefolgschaft in den legendären Ruf einer sangesfreudigen Truppe gekommen, was ihr später den Übergang zur HJ-Spielschar eingebracht hat – wodurch der Marschdrill für uns ein Ende hatte, weil wir »Kulturträger« geworden waren.

Am linken Oberarm saß auf dem Uniformhemd von DJ, HJ und BDM ein dreieckiges Stoffschild mit Angabe der Gebietszugehörigkeit. Wir vom »Obergau NORD« und »Gau NORDSEE« hatten also untereinander das Wortpaar: »NORD« – »NORDSEE«. Das veranlasste uns, wenn wir irgendwohin weiter nach auswärts kamen, immer nur vom »Stotter-Dreieck« zu sprechen.

Im Pfingstzeltlager in Dötlingen war es. Einer hatte geklaut. Kein Geld, keine Wertsachen, nein, er hatte sich überall an dem mitgebrachten Kuchen, den Keksen und Süßigkeiten vergriffen. Was tun? Ihn greifen und tüchtig verdreschen (»Heiligen Geist geben«)? – Wir einigten uns auf abgewöhnen. – Also wurde eine »Leimrute gelegt«: eine dicke Doppelstulle Rosinenstuten wurde ganz fett mit Niveacreme unter dem Marmeladenbelag präpariert. Nur ein paar Zuverlässige und Eingeweihte wussten davon. Anschließend ging es gruppenweise hinaus ins Gelände – mit eingeplantem Zwischenanlauf des Lagers zu unterschiedlichen Zeiten. Mittags war – wie erwartet – die verlockende Stutenstulle weg. Ja und dann? – Da war einem doch abends unerklärlicherweise speiübel, und er stellte wahre Flitzer-Streckenrekorde auf als »Donner balkenDauersitzer«. Jedenfalls hatte der seine Lektion begriffen.

In den Sommerferien war kein regelmäßiger Dienst, dafür aber abendlicher Treff irgendwo im Revier. Schließlich musste doch auch festgestellt werden, wo die ansehnlichen BDM-Mädchen zu Hause waren. Manchmal ergab sich dabei noch eine Radtour zum Bürgerpark …

Wenn aber absolut nichts los war, dann kamen Überlegungen auf wie »Was wäre, wenn man …« So geschah es dann, dass sich am anderen Morgen der Schlachtermeister über das an seiner Tür hängende Emailschild der Hebamme wunderte, dass beim Doktor das Friseurschild angebracht war und dass der Zahnarzt nunmehr mit einer Heißmangel zu praktizieren hatte. Im Grunde waren das alles sehr harmlose Streiche, denn es wurde dabei nichts kaputtgeschlagen.

Beim winterlichen Eislauf auf dem Stadtgraben bewährte sich der Zusammenhalt auf zweierlei Weise. Wir schoben und fegten uns selbst eine Laufbahn frei. Und dann ging es mit allemann in langer Schlange – fest an die Hüften des Vordermannes angepackt – in rasender Fahrt in die Kurven, dass das Eis nur so krachte – und die netten Eisläuferinnen wurden eingekreist und zum Mitlaufen eingefangen. Nur einem der Wallaufseher (der auch den »Hundefänger« spielte und den wir »Adamson« nannten) passte solches Tun nicht. Der trat mit den eisenbeschlagenen Hacken seiner »Knobelbecher« immer ganze Lochreihen in das Eis, um uns den Spaß zu verderben.

Wenn richtig knackiger Frost war, dann wagten wir leichtsinnigerweise sogar das Durchlaufen des Straßentunnels bei Hillmann am Herdentor, d.h. von einer Stadtgrabenseite zur anderen untendurch. Das ging nur im »Speziallauf« in gebückter Haltung. Zum Glück ist keiner dabei eingebrochen. Verboten war es in jedem Fall. Verboten war auch das Radfahren auf dem Eis. Aber auch das musste natürlich probiert werden. Nicht verboten, aber nicht erwünscht war, wenn die niedlichen Ballettmädchen vom Bremer Staatstheater sich während der Probenpausen auf das Eis wagten. Wir Jungen wussten schon, zu welcher Zeit das war. Nur der Oberspielleiter Heinrich Kastner mochte das überhaupt nicht. Er tat immer sehr besorgt um die wertvollen Füße seiner Schützlinge. Wir glaubten aber, dass es doch wohl mehr Eifersucht auf die Jugend war.

Dass wir trotz der HJ-Zugehörigkeit auch die Tanzschule besuchten, galt als fürchterlich reaktionär und passte den Nagelschuhtypen jener Parteigesellschaft überhaupt nicht. Wir wurden verächtlich als »Tango-Jünglinge« bezeichnet. Aber immerhin hatten wir dabei das Tanzen und das Benehmen – gelernt. Der politische Argwohn gegen diese »Benimm-Schulen« blieb aber. Emmi Schipfer-Donath bekam es hart zu spüren. Sie brachte im »Anstandsunterricht« während des Krieges einmal das Beispiel eines höflichen Ausländers im Gegensatz zum rüden Uniformträger. So kam sie schnell ins Gerede. Ihr wurde »äußerste

Zurückhaltung« nahegelegt, und man drohte ihr sogar mit Schließung ihrer Tanzschule. So musste sie mit einem geschickten Gegenzug kontern und machte ihre junge Assistentin und Tanzlehrerin zu ihrer Partnerin. Und fortan hieß die Schule dann Schipfer-Hausa. Für uns war und blieb die gute Emmi, die große alte Dame, das unerschütterliche Idol einer wohlbehaltenen Vergangenheit. Im Heimaturlaub hat mancher von uns beim Weg in die Stadt immer schnell mal bei ihr hereingeschaut.

Ja, unsere unbekümmerte Jugendzeit fand dann ein jähes Ende, als wir alle innerhalb sehr kurzer Frist »zu den Fahnen« eilen mussten. Davon ist manch einer nicht zurückgekehrt, so dass aus dem hier betroffenen Kreis nicht mehr viele alte Freunde da sind, mit denen man noch einmal solche Erinnerungen austauschen könnte …

Fazit: Für unsere Generation wurden aus sechs Jahren Zeltlager und Fahrten mit Baldur von Schirach unfreiwillig nochmals sechs Jahre europaweiter Campingtrip mit Großdeutschlands einzigartigem Reisebüro Keitel & Co.

## Jahreszeitliches

### Wie war das eigentlich zu Advent und Weihnachten damals in unserer Kinderzeit – vor 70/80 Jahren?

In den Kindergärten, Schulen, Turnvereinen und Kirchengemeinden wurde schon wochenlang vorher geprobt für die Märchen- und Krippenspielaufführungen, die damals zu den gemütvollen Weihnachtsfeiern einfach dazugehörten. Sich dabei als Mohr das Gesicht ganz dunkel anmalen zu dürfen, war für einen Jungen sicher ebenso so reizvoll wie Großvaters Langschäfter zum Nikolauskostüm zu tragen oder als Stadtmusikanten-Esel lautstark mit »I-ah« über die Bühne zu poltern. Dass die Mädchen am liebsten die »Maria oder auch eine gute Fee« spielen wollten, war ebenso klar. Sehr wichtig waren aber auch der süße Kakao und die Pfefferkuchen bei der kerzengeschmückten Feier. Bloß warum die Muttis dabei immer Tränen vergossen, das konnten wir Kinder damals überhaupt nicht begreifen. –

Uns kamen nur dann Grausen und Heulen, wenn gerade im Dezember der gefürchtete »Blaue Brief« ins Haus flatterte mit der drohenden Ankündigung, dass mangelnde schulische Leistungen die kommende Versetzung zu Ostern gefährden würden. Wieso konnten die Lehrer das denn nicht verstehen, dass die mit Hausaufgaben verbrachte Zeit doch eigentlich nur nutzlos vergeudete Stunden waren? Im Sommer und Herbst war uns das »auf Straße spielen« doch bestimmt wichtiger als »Lex lernen«.

Dennoch waren wir auch ansonsten nicht untätig. Es war schon beachtenswert, was ungelenke Knabenfinger gerade zur Weihnachtszeit alles an Basteleien zustande brachten, wenn es darum ging, für jeden in der Familie »etwas Selbstgemachtes« als Überraschungsgeschenk anzufertigen. Eigentlich sollte es ja vorher keiner wissen, was da so an mehr oder weniger witzigen Einfällen verwirklicht wurde. Und Geheimhaltung war schon ein wirkliches Problem. Aber nachsichtige Mütter sahen über die Unordnung hinweg und räumten mit unendlich viel Geduld auch alles auf und weg, was nach der angestrengten »Heimarbeit« die Wohnung ver(un)zierte. (So etwas lernen Jungen doch nie richtig – und können es darum nachher im Alter immer noch nicht.)

Jedenfalls wurde emsig gepinselt und gemalt, geschnibbelt und gefaltet, Laubsägemotive ausgesägt und Pappen verarbeitet, gekleistert und geklebt, geknüpft und geflochten – aber (sogar von Jungen!) auch gestickt und gehäkelt, vielleicht sogar gestrickt – und sei es mit dem Strickpilz. Für unsere nach Freimarkt nachgebliebenen knappen Groschen waren wir in den Bastelabteilungen der Geschäfte und Kaufhäuser durchaus kritische Kunden, die stets nach günstigen Materialresten forschten und genau wussten, wo sie sich an die verständnisvollsten Verkäufer und Verkäuferinnen wenden mussten.

Ja, und um die weiteren Groschen hinzuzuverdienen, dazu musste man doch schon wieder ebenso auf die Erledigung der Schularbeiten verzichten (wurden anderen Morgens vorher schnell abgeschrieben) oder dass Botengänge gemacht werden durften, deren Auftraggeber man wohlweislich als eigenes »Geschäfts«-Geheimnis hütete. Und auch der vom Weihnachtsmarkt zum Haus des Käufers getragene Tannenbaum brachte gleichermaßen etwas ein wie die Mithilfe beim Schneefegen und Aschestreuen. Ein »plietscher« Bremer Junge hatte da gewiss keine Probleme. Die Mädchen aber sammelten echte erste Hausfrauenerfahrungen bei der Mithilfe zum häuslichen Plätzchenbacken. Der Klaben, den Mutter selbst nach eigenem Rezept zusammenknetete, wurde aber zum benachbarten Bäcker gebracht zum richtigen Ausbacken. Nachher beim Anschnitt meinte man immer, dass er eigentlich viel zu wenig Rosinen habe …

Nachdem das Nikolauslaufen mit seinen Versen von »Sunnerklus de grode Mann« überstanden war, brachte die Adventszeit noch mancherlei Vorfreuden. Der kleine Weihnachtsmarkt am »Kastanienwäldchen« am Wall beim Herdentor war eine wundersame Märchenwelt. Stundenlang konnten wir stehen und zuschauen, wie die Blechspielzeuge mit dem kleinen Schlüssel aufgezogen wurden, damit lustige bunte Clowns ihre Purzelbäume schlugen, niedliche Affen eine Trommel bearbeiteten, Motorräder verwegene Kurven drehten und Autos über den Verkaufstisch fuhren unter Versprühen von Feuersteinfunken, wie Teddys brummten und Puppen quietschten. Von einer Petroleumlampe oder Karbidflamme erleuchtet, war das ein romantisches Umfeld mit einer eigenartigen Vorfeststimmung, die auch Erwachsene gleichermaßen in ihren Bann zog.

Mit dem Wunschzettel war das so eine besondere Sache. Die vorsichtige elterliche Androhung, dass bei zuviel aufgeschriebenen (unverschämten) Wünschen die Anzahl der Geschenke dementsprechend stark zu sammengestrichen würde, war schon ein Anlass, nur das sehnlichst Begehrte aufzulisten, dafür aber bei den für Geschenke »sicheren« Verwandten wie Opa, Oma und Tanten – durch rechtzeitige Besuche das Gelände vorsichtig zu sondieren und für mögliche Wunscherfüllung zu sorgen. Das Pfefferkuchenhaus gab es ja ohnedies gewohnheitsgemäß vom guten Onkel, wenn ihm sein Anteil am Weihnachtsklaben überbracht wurde.

Die eigentliche Familienweihnachtsfeier war wohl überall von viel Gewohnheit und Familientradition geprägt. Man denke nur an die vielerlei Essgewohnheiten und die besonderen Festtagsbraten. So war für manche Hausfrau an Weihnachten oftmals ein schlimmerer Stress (das Wort kannte man damals noch gar nicht) als sonst zu einem Feiertag. Aber wenn Vater dann »eine gute Flasche« aus dem hintersten Versteck seines Kellers hervorgezaubert und Opa seine Kiste »echte Bramsil« bereitwillig geöffnet hatten, dann war das Maß an Gemütlichkeit zweifellos erreicht. Doch zuvor musste noch kräftig gesungen werden. Die Texte der alten Weihnachtslieder »saßen« und wurden auch ohne Vorlage richtig gesungen. Es sei denn, dass der Gesangsfluss des Familienchores letztlich im gemütsvollen Schluchzen erstarb. Bei uns (großer Familiengeschäftsbetrieb) wurde der Weihnachtsabend zusammen mit dem Personal gefeiert. Zuerst gab es ein gemeinsames Essen. Danach im »Weihnachtszimmer« wurde gesungen beim Rundgang um den kerzengeschmückten Tannenbaum mit im Kreis aneinandergehaltenen Händen. Da musste schon einer den anderen stützen, wenn die Rührseligkeit überhand nahm. Die anschließende gemeinsame Bescherung ließ dann aber doch schnell wahre Festfreude aufkommen. Auch echte »Hausmusik« gehörte seinerzeit noch zum Gesamtbild, das heutzutage gern in »Nostalgie« wieder herbeigesehnt wird. Auch das »Gedichteaufsagen« gibt es kaum noch.

Ja, wie die Alten sungen …

## Osterbräuche: »Hüpf, Häschen, hüpf!«

Wenn man in Bremen den Osterhasen interviewen will, muss man schon ernsthaft darüber nachdenken, wo man den wohl finden könnte. Nach Ostern klingende Ortsbezeichnungen sind dabei gewisslich irreführend, denn mit dem österlichen Frühlingsfest haben Örtlichkeiten wie Osterdeich und Osterholz oder Wohnadressen wie Osterhop und Osternadel (in Hemelingen), Osternburger Straße (im Lindenhofviertel) oder Osterstader Straße (in Grolland), Osterlingerstraße (im Westend), Osterstraße (in der Neustadt) sicherlich ebensowenig zu tun wie Ostertorsteinweg, Ostertorstraße und Ostertorwallstraße oder gar der Ostertorsweg (im Fesenfeldviertel). Hier ist überall eine vorwiegend ostwärtige Richtung der örtliche Bezug gewesen, als diese Namensgebungen passierten. Auch die weserabwärts gelegene Industrie-Einöde mit den Osterort-Liegeplätzen am Klöcknerhafen/Mittelsbürener Hafen kann fraglos nicht die Osterhasenheimat sein. Denn: »Hasenhans, der weiß es wohl, am allerbesten schmeckt der Kohl«, heißt es in der »Häschenschule«, und die liegt da gewisslich nicht. So verbleiben als letzte Möglichkeiten noch der Osterfeuerberg (in Walle), wo statt der Osterfeuer früherer Jahrhunderte jetzt nur noch die Rotlichter am hohen Sendemast erglühen, und schließlich zu allerletzt der Osterwiesenweg (im Waller Kleingartengebiet Hoheweg parallel zur Autobahn).

Doch fragt man Parzellisten nach ihren Erfahrungen mit dem Osterhasen, singen die gewiss nicht das alte Kinderlied vom Reigen um das »Häschen in der Grube«, nämlich: Häschen in der Grube saß da und schlief; armes Häschen bist du krank, dass du nicht mehr hüpfen kannst? – Häschen, hüpf! Häschen, hüpf!«

Doch was da herumhüpft, das sind keinesfalls possierliche Osterhasen, sondern deren niedere Verwandtschaft der unliebsamen »Rasenmäher«, nämlich die beim Hobby-Farmer so ungeliebten Karnickel, die gerade das zarteste Treiben der Frühlingsblüher so ratzekahl wegfressen. Zwar gibt es auch darüber ein »Hasen-Lied«, nämlich:

Zwischen Berg und tiefem, tiefem Tal saßen einst zwei Hasen;
fraßen ab das grüne, grüne Gras bis auf den Rasen.
Als sie sich dann sattgefressen hatten,
setzten sie sich nieder, bis dass der Jäger kam und schoss sie nieder.
Als sie sich nun aufgerappelt hatten und sich besannen,
dass sie noch am Leben war'n, liefen sie von dannen.

Und darum ist es denn schon seit unseren Kinderzeiten allemal so gewesen, dass es nie gelang, ein Häslein mit den Händen zu fangen, weil wir eben immer nicht das Salz dabei hatten, dass wir ihm auf den Schwanz hätten streuen müssen.

Und aus der Sicht des Häsleins wurde daraus vor 200 Jahren schon im Volkslied des »Häsleins Klage«, nämlich:

Gestern abend ging ich aus, ging wohl in den Wald hinaus,
saß ein Häslein in dem Strauch, guckt mit seinen Äuglein raus.
Kommt das Häslein dicht heran, dass mir's was erzählen kann.
Bist du nicht der Jägersmann, hetzt auf mich die Hunde an?
Wenn ein Windspiel mich ertappt, hast du Jäger mich geschnappt.
Wenn ich an mein Schicksal denk, ich mich recht von Herzen kränk.
Armes Häslein, bist du blass. Geh dem Bau'r nicht mehr ins Gras.
Geh dem Bau'r nicht mehr ins Kraut, sonst bezahlst' mit deiner Haut.
Sparst dir manche Not und Pein, kannst mit Lust ein Häslein sein.

Doch wenn die Lust nun angesprochen werden soll, mit der ein Häslein unbekümmert herumspringt, dann müssen wir uns die plattdeutschen Verse von Klaus Groth vornehmen:

Lütt Matten de Has,
de mak sik en Spaß,
he weer bi't Studeern,
dat Danzen to lehrn,
un danz ganz alleen
op de achtersten Been.

Keem Reinke de Voß
un dach: »Dat's en Kost!«
Un seggt: »Lüttje Matten,
so flink op de Padden?
U n danzst hier alleen
op de achtersten Been?

Kumm, lat uns tosam!
Ik kann as de Dam!
De Krei, de spelt Fidel,
dann geiht dat candidel,
dann geiht dat mal schön
op de achtersten Been!«

Lütt Matten gev Pot.
De Voß beet em dot
un sett sik in Schatten,
verspis de lütt Hatten:
De Krei, de kreeg een
vun de achtersten Been.

Doch so sind wir im Thema ganz von Ostern abgekommen. Es ist schon wert, einmal aufzuzeigen, was dieses Fest uns sagen soll und welche Bräuche die Menschen über die Zeiten hinweg damit verbunden haben:

Ostern ist das Fest der Auferstehung Christi. Auf dem Konzil von Nicäa (325) wurde es als ältestes christliches Fest auf den ersten Sonntag nach Frühlingsvollmond festgelegt. Der Name stammt aller Wahrscheinlichkeit nach von der germanischen Frühlingsgöttin »Ostara«. Er ist somit nicht zu verwechseln mit der ähnlich klingenden »Istar-Ischtar«. Die nämlich war die weibliche Hauptgöttin der Babylonier, Tochter des Mondgottes Sin und Schwester des Sonnengottes Scham asch. Istar ist als Morgenstern die Göttin des Kampfes und als Abendstern die Göttin der Liebe gewesen. –

Als Ostergesang finden wir im Bremer Gesangbuch (u.a.) als wohl passendste Weise:

Die Lerche stieg am Ostermorgen
empor ins klarste Luftgebiet
und schmettert, hoch im Blau verborgen,
ein freudig Auferstehungslied;
und wie sie schmettert,
da klangen es tausend Stimmen nach im Feld:
Wach auf, das Alte ist vergangen,
wach auf, du froh verjüngte Welt!

Dieser wunderschöne Frühlingsvers stammt von Emanuel Geibel (1815–1884) und erklingt nach einer Weise von J. G. Schicht (1819) mit der ursprünglichen Melodie zu »Wie groß ist des Allmächtigen Güte!«

Osterblumen nennt der Volksmund all die lieblichen Frühlingsblüher und meint damit Sumpfdotterblume, Buschwindröschen, Leberblümchen, Küchenschelle, Gänseblümchen, Gelbe Narzisse, Schlüsselblume, Lungenkraut, Winterling und Scharbockskraut. Und alle diese lassen sich zu einem bunten Blütengebinde rund um das Osternest mit den bunten Ostereiern gruppieren.

Ursprünglich war das buntgefärbte Hühnerei das Osterei schlechthin, das nach dem Kinderglauben vom Osterhasen gelegt und von ihm versteckt wurde. Über ganz Europa verbreitete sich diese alte Sitte. Sie wird heute auch noch als echter Osterbrauch gepflegt. Wenn man z.B. einander zum Osterfest in Griechenland besucht, wird dem Gast am Hauseingang eine Schale gekochter Hühnereier zur Begrüßung entgegengehalten, woraus man eines entnimmt und mit dem in der Hand des Hausherrn mit dem Ostergruß »chronia pola« zusammenschlägt.

Osterspiele waren im frühen Mittelalter geistliche Schauspiele, hervorgegangen aus den Osterfeiern der morgenländischen Kirche. Sie sind damit den bei uns zu Weihnachten üblichen Krippenspielen vergleichbar, allerdings zu Ostern mit dem Prozessionscharakter.

Und auch die Osterinseln im Stillen Ozean, 3.600 Kilometer vor der chilenischen Küste gelegen (120 Quadratkilometer/1.600 Einwohner), die durch ihre dort entdeckten bis 25 Meter hohen Steinbilder aus schwarzem Tuff berühmt wurden, haben einen direkten Bezug zu Ostern. Sie wurden von J. Roggeveen 1722 am Ostersonntag entdeckt und erhielten von ihm deshalb diesen Namen.

Wenn auch sonst zu allen Jahreszeiten und für jeden Monat, so ist in der Spruchweisheit bezüglich Ostern, wohl wegen des kalendermäßig jährlich erfolgenden Wechsels, wenig an so genannten »Bauernregeln« zu finden. Es gibt aber doch zumindest eine: »Ostern im März verheißt ein gutes Brot jahr!«

Und Theodor Storm (1817–1888) hat Ostern so beschrieben:

Es war daheim auf unserm Meeresdeich;
ich ließ den Blick am Horizonte gleiten,
zu mir herüber schoss verheißungsreich
mit vollem Klang das Osterglockenläuten.

Wie brennend Silber funkelte das Meer,
die Inseln schwammen auf dem hohen Spiegel,
die Möwen schossen blendend hin und her,
eintauchend in die Flut die weißen Flügel.

Im tiefen Kooge bis zum Deichesrand
war sammetgrün die Wiese aufgegangen;
der Frühling zog prophetisch über Land,
die Lerchen jauchzten, und die Knospen sprangen.

Entfesselt ist die urgewaltge Kraft,
die Erde quillt, die jungen Säfte tropfen,
und alles treibt, und alles webt und schafft,
des Lebens vollste Pulse hör ich klopfen.

Der Flut entsteigt der frische Meeresduft;
vom Himmel strömt die goldne Sonnenfülle;
der Frühlingswind geht klingend durch die Luft
und sprengt im Flug des Schlummers letzte Hülle.

O wehe fort, bis jede Knospe bricht,
dass endlich uns ein ganzer Sommer werde;
entfalte dich, du gottgebornes Licht,
und wanke nicht, du feste Heimaterde!

Hier stand ich oft, wenn in Novembernacht
aufgor das Meer zu gischtbestäubten Hügeln,
wenn in den Lüften war der Sturm erwacht,
die Deiche peitschend mit den Geierflügeln.

Und jauchzend ließ ich an der festen Wehr
den Wellenschlag die grimmen Zähne reiben;
denn machtlos, zischend schoss zurück das Meer
das Land ist unser, unser soll es bleiben!

## »To Pingsten, ach wie scheun!«

Es war zu Ostern schon ein vergebliches Unterfangen, mit dem Osterhasen ein Interview zu arrangieren. Ebenso schwierig ist es auch, den PFINGSTOCHSEN in ein tiefschürfendes Gespräch zu verwickeln. Mehr als ein mürrisches »... eine Kuh macht Muh, und viele Kühe machen Mühe!« kam dabei nicht heraus.

Zwar gilt in ländlichen Gebieten, und insbesondere in alpinen Regionen, noch heute der Brauch, das Vieh zum Almauftrieb zu schmücken und Ochsen mit Blumengirlanden zu dekorieren. Aber ein bremischer Brauch ist das in dieser Form doch nie gewesen. So ist die Darstellung auf der Vase« in den Herdentorswallanlagen auch jahreszeitlich gerade gegensätzlich und zeigt den Umzug bekränzter Klosterochsen, wie sie noch bis zum Ende des 19. Jahrhunderts zur Freimarktszeit zur Verlosung zugunsten der grauen Franziskanermönche und deren Johannisklosterkrankenhaus vorgeführt wurden. Geblieben ist aber dennoch die Redensart, dat »een opdünnert as een Pingstoß is«, wenn ein Mann sich zu aufwendig gekleidet hat. Das weibliche Pendant dazu ist aber eher maritim, denn da wird dann von »optakelt Fregatt« gesprochen, wenn solch ein »Schlachtschiff« herangerauscht kommt.

Überhaupt ist alles Brauchtum zu Pfingsten vorwiegend ein Frühlingsbrauch und ein Maivergnügen. Denn in den meisten Fällen liegt das Pfingstfest im wonnigen Mai-Monat (d.h. frühestens 9. Mai und spätestens 13. Juni), denn es ist der »fünfzigste Tag« nach Ostern als christliches Fest der Ausgießung des Heiligen Geistes über die Jünger Jesu, die Apostel. Und der Name kommt vom griechischen »pentakoste«, eben dem 50. Tag.

Maienlieder gibt es sattsam, vom Kindersang über das Volkslied bis hin zur Operette, Ballade und zum Schlager. Bei den Kirchenliedern ist es zur Pfingstzeit vom Anlass her inhaltlich durchweg die Lobpreisung des Heiligen Geistes. Aber zuweilen steckt auch noch eine Frühlingsbotschaft darin, wie z.B.:

Schmückt das Fest mit Maien,
lasset Blumen streuen,
zündet Opfer an …«

oder

»Was für Frühlingssausen geht durch die alte Welt!
Des Geistes Ströme brausen herab vom Himmelszelt …«

und

»Rausche, flute, Strom der Gnaden
in Gemeinde, Haus und Herz!
Lass in dir gesund sich baden,
was sich quält in bitterm Schmerz!
Rausche, Heilger Geist, hernieder
auf das ausgedörrte Land,
und die Blumen blühen wieder,
die verwelkt im Sonnenbrand …«

Und im deutschen Zitatenschatz ist die sprichwörtliche Ausbeute auch einigermaßen mager. Aber dennoch wird man auch darin fündig:

Pfingsten war, das Fest der Freude,
und das feiern Wald und Heide.
(Ludwig Uhland)

Pfingsten, das liebliche Fest war gekommen.
(Goethe: Reineke Fuchs)

Bis Pfingsten lasst den Pelz nicht fahren,
nach Pfingsten ist's gut ihn bewahren.
(Alte Bauernregel)

Warten bis Ostern und Pfingsten auf einen Tag fallen …
heißt, dass bis zum Sankt-Nimmerleins-Tag nichts geschieht.
(Alte Redensart)

Pfingstregen bringt Weinsegen.
(Alte Bauernregel)

De plattdütsch Seggwies nennt neben dem »PINGSTOSS« auch noch den »MAI-AAP«, wenn damit ein Dummkopf beschrieben werden soll. Das ist dann »de Döösbattel, de von wat just so veel versteiht, as wenn een Oß in de Bibel kiekt«.

Von allerlei Brauchtum wäre zu sprechen als »MAIRITT«, der mancherorts auch »KÖNIGSRITT« heißt, dann, wenn das »PFINGSTREITEN« zum dörflichen Vergnügen wird als »RINGREITEN« und wenn die wackeren Schützen sich zum »KÖNIGSSCHIESSEN« treffen. Zu solcher Zeit werden die Häuser mit frischem »MAIENGRÜN« geschmückt, man erfreut sich beim »MAIENTANZ« rund um den »MAIBAUM« und erwählt vielleicht auch noch eine liebreizende »MAIENKÖNIGIN«. SO dürfte auch die mancherorts gebräuchliche Flurbezeichnung »AUF DER PFINGSTWEIDE« entstanden sein, woran Straßennamen noch heute erinnern.

Der Volksmund spricht vereinfachend bei den Frühlingsblühern im Mai einfach von »PFINGSTBLUMEN«, und das sind dann all die Namen der Pflanzen, die zur Pfingstzeit blühen, wie: Besenginster, Päonie = Pfingstrose, Wiesenschaumkraut, Aronstab, Frauenschuh, Weiße Narzisse, Knabenkraut, Scharfer Hahnenfuß, Spanischer Flieder = Syringe usw.

Was wunder, dass dann »MAIBOWLE« oder »MAITRANK« mit dem frischen Waldmeisteraroma oder gar »MAISEKT« von Holunderblüten als hausgemachter Erfrischungstrunk ebenso zur Fröhlichkeit anregen wie das süffige »MAIBOCK«-Bier, wenn es bei schönstem Frühlingswetter die Menschen zur »PFINGST-TOUR« hinaus ins Grüne lockt.

Wie solch eine Tour verläuft, das hat der Hamburger Volkshumorist Heinrich Köllisch in seinem plattdeutschen Originalcouplet »DE PINGSTTOUR« auf unnachahmliche Weise beschrieben, und es wird bei solcher Gelegenheit auch heute noch gern zitiert. Aber wir Bremer haben es eigentlich doch gar nicht nötig, uns bei solcher Gelegenheit einer Hamburger Ballade zu bedienen. Wir haben ein durchaus gleichwertiges Fahrtenerlebnis vorzuweisen in dem köstlichen Mundartgedicht »DE REIS NA VEGESACK« von dem seinerzeit hier so beliebten Fritz Hiddesen.

# Links der Weser

## Kleine Geschichten aus der Neustadt und umzu

*Zugehört, aufgeschrieben und erlebt von Hannelore Dünnbier*

### *Mit'n Schürm!*

Bis Ende der vierziger Jahre mussten wir alle noch »auf Marken leben«, und auch mit der Bekleidung war es in der Reichhaltigkeit recht dürftig bestellt, vom Geld gar nicht zu reden. Manch' Bürger musste sich weiter mit den übriggebliebenen Kriegsklamotten behelfen. Um so mehr galt es, das manchmal vom Vater oder Großvater her vererbte »gute Stück« nach entsprechender Aufmöbelung noch für eine Zeitlang zu tragen und pfleglich zu erhalten. Sommermantel? – Das war noch ein Luxus-Traum. Aber bei Regen half der große Stockschirm von Opa gut gegen wetterliches Unbehagen, auch wenn damals bei einem »jungen Mann« ein ungewohnter Anblick. Ihn kümmerte das wenig.

Die hinter der Gardine stets neugierige Nachbarin – es gab ja noch kein Fernsehen – musste also in Nahsicht immer alles genau beäugen, was sich in der Straße der Vorstadt tat. Sie kam dann auch ganz »neeschierig« und »aufgeregnet« herübergeschossen: »Du Keede, sag mal, was hat denn deine Tochter da für einen? – Der kommt ja mit'n Schürm!« (Muss wohl ein komischer Knabe gewesen sein, der sich nicht nass regnen lassen wollte.)

### *Der Braten hüpft!*

Die junge Frau hat bei der Mutter durch Zusehen und Fragen soviel Kochen gelernt, dass durchaus mehr als nur Brats-Kartoffeln auf dem Speiseplan stehen. Dafür war Backen ihre große Stärke. Sie will zum ersten Mal einen größeren »Sonntagsbraten« machen.

Der kleine Gasherd in der zur Küche umfunktionierten Schrägmansarde hat nur zwei Kochflammen. Neben dem Schmortopf werden Gemüse und Kartoffeln »turm-gekocht«. An das Aufstellen des Wasserkessels hatte sie im Eifer nicht gedacht. Der junge Ehemann will mal sehen, wie sie sich so in der Küche tut. Der Braten ist von allen Seiten schön angebräunt, und es muss aufgefüllt werden. Also eine Portion (kaltes) Wasser mit kräftigem Guss in den Topf, und dann geschah es:

Der Braten machte einen großen Satz aus der Pfanne heraus und landete mitten vor dem Herd auf dem Boden. Großer Schrecken – und rundum überall dicke Fettspritzer. »Hilfe, der Braten!« – Und beim Ehemann zunächst großes Lachen über die urkomische Situation, die sie bis heute nicht vergessen hat. Seitdem steht immer heißes Wasser neben dem Bratentopf, ist doch klar!

### *Gewindelt und gewickelt*

In der Entbindungsstation ist der jungen Mutter am Tag vor der Entlassung gezeigt worden, wie sie ihren Erstgeborenen zu versorgen hat, wie er zu wickeln und zu windeln ist.

Zu Hause in der kleinen Mansardenwohnung wird das nun selbst probiert. Sie ist stolz darauf, alles mit Umsicht und genau nach Vorschrift richtig gemacht zu haben. Gerade als sie ihn wieder in seinen großen (Wäsche-)Korb legen will, kommt auch schon der entsetzte Aufschrei: »Er ist ja schon wieder nass!« Den jungen Vati hat das nur amüsiert, und er hat gemeint, dass das zum Üben wohl so sein müsse. Aber der hat seine Belehrung auch gekriegt!

Als der Kleine wieder einmal frisch gebadet, abgerubbelt und gepudert auf dem Wickeltisch liegt, beugt sich der Vati von unten her über ihn, um mit ihm auch ein wenig zu schmusen. Er konnte sich nur nachher gar nicht erklären, warum sein Schlips patschnass war. Dieses Mal war sie an der Reihe, sich ordentlich zu högen: »Ätsch Mann!«

### *Wägende Gerechtigkeit*

Zwei neestädter Butjer spielen Fußball in den Grünanlagen am Hohentor zu Füßen der neuaufgestellten Justitia. Von einem älteren Spaziergänger werden sie gefragt, ob sie wissen, was die Steinfigur da oben an der Mauer darstellen soll. »Nee, Onkel, die hört hier auch nich her, die muss nach'n Schweinemarkt hin.« – »Warum das denn?« –

»Die verkauft doch was, die hat doch 'ne Waage!«

### *Praktisch*

Ein Fußgänger beobachtet zwei Neestädter Butjer, die sich mit Vaters Handstock zwischen den Autos am Straßenrand zu schaffen machen. »Was wollt ihr denn mit dem Spazierstock?« – »Das ist kein Stock, das ist ein Wiederholer!« (Die Betonung liegt dabei auf wieder.)

Und dabei wurde der Stock umgedreht, mit der Krücke nach unten. »Wieso das?« – »Damit holen wir den Ball wieder, wenn er unter das Auto rollt!«

### *Halbe Portion*

Klein Monika gilt in der Familie und in der Nachbarschaft immer als »halbe Portion«, weil sie doch noch so klein und zierlich ist. Als eine Nachbarin einen neuen Hund bekommen hat, einen winzig kleinen Rehpintscher, macht sie ihre Mutti ganz aufgeregt darauf aufmerksam:

»Oh, Mutti, guck mal, die Tante hat 'nen halben Hund!«

### *Fische fangen*

Vater und Söhnlein vertreiben sich die Zeit mit kleinen Spielchen. Der Junge wirft die Bettdecke beiseite und taucht hinab auf den Grund seines Kinderbettchens. Er tut, als ob er etwas hochholt und dem Vati zuwirft. Der reagiert auch und macht so, als ob er gefangen habe. »Was war das denn, was ich da geschnappt habe?« –

»Vati, das war doch ein Fisch, musst du jetzt essen!« – Gesagt, getan. So läuft das Spielchen eine Weile dahin, bis der Kleine aufhört und fragt:

»Hast du den eben auch gegessen?« – »Na klar!« – »Oh, das ist aber fein, der letzte war doch ein Gummifisch, ätsch!«

*Bau-Aufsicht*

Der Neubau wird von der Familie täglich so »im Vorbeigehen« aufgesucht, und man freut sich am Vorankommen. Klar, dass der knapp vierjährige Sohn den Weg »um die Ecke« schon genau kennt. Beim Richtfest durfte er zum Prost-Sagen (mit Apfelsaft) sogar mit auf den Bau hinauf, über die schräge Außenleiter. Ein paar Tage darauf schickt der Polier einen seiner Männer zur nahen Wohnung: »Wenn Sie Ihren Sohn suchen, der spielt in der obersten Neubau-Etage.« – Die Mutter hatte gemeint, er spiele auf dem Hof. Also, Schürze ab, und nichts wie hin, um den Sohn einzufangen. »Richard arbeitet, will auch Haus bauen«, war das einzige, was er dazu zu sagen hatte, und »muss ich da doch rauf!« – »Mama, warum pustest du denn so?«

Weitere maritime Titel in Vorbereitung ...

**Maritime Editionen für Shiplover!**

Edition Falkenberg
www.edition-falkenberg.de

## In dieser Reihe sind erschienen:

**Bremer Schmunzelgeschichten**
**Auf gut Bremisch**
Band 1
152 Seiten, 26 Illustrationen
Format 14 x 22 cm, Broschur

ISBN 978-3-95494-061-5
12,– Euro

**Bremer Schmunzelgeschichten**
**Bremen Best !**
Band 2
156 Seiten, 21 Illustrationen
Format 14 x 22 cm, Broschur

ISBN 978-3-95494-059-2
12,– Euro

**Bremer Schmunzelgeschichten**
**Auf Neptuns Dreizack aufgespießt**
Band 3
148 Seiten, 17 Illustrationen
Format 14 x 22 cm, Broschur

ISBN 978-3-95494-060-8
12,– Euro

**Bremer Schmunzelgeschichten**
**Segg eenfach »Moiin!«**
Band 4
144 Seiten, 32 Illustrationen
Format 14 x 22 cm, Broschur

ISBN 978-3-95494-063-9
12,– Euro

## Der Autor

Ernst B. R. Dünnbier (Jahrgang 1921) ist »mit Weserwasser getaufter Tagenbarer«, hat sein Berufsleben als Einzelhandelskaufmann begonnen und wechselte dann vom Export über ins Schifffahrtsfach. In 34 Jahren Reedereitätigkeit im Stadtbüro und im Hafen, auf Reisen und in der Personalbetreuung als Flottenbeauftragter hat er mit großem Interesse sehr viele Begebenheiten aus Seefahrt und Hafenbetrieb eifrig notiert, häufig interpretiert und freudig glossiert. Aus seinen Berichten, Vorträgen, Autorenlesungen und Rundfunksendungen ist diese Auswahl entnommen mit dem steten Wunsch: »Einer Seefahrt froh Gelingen«.

## Die Illustratorin

Margret Rink (eben 70) ist »een reinroggen opwussen Neestädter Deern«, startete ihr Berufsleben als gelernte Bürokauffrau und ist »nebenbei und überhaupt« ausgebildete Volksschauspielerin und voll engagierte Plattdeutsche. Ihr Hobby sind Zeichnen und Theater. So stellt sie in beider Hinsicht gern Originale vor und Typen dar, und sie liebt es besonders, dabei Bremer Eigenheiten sichtbaren Ausdruck zu verleihen, so u.a. auch als meisterliche Krabbenpulexpertin, denn dazu gehören neben dem allzeit flotten Mundwerk auch ebenso flinke Finger, »denn flutscht dat ok«!